U0878130

孙云晓与你面对面丛书

爱孩子要敢于说不

孙云晓　编著

时代出版传媒股份有限公司
安 徽 教 育 出 版 社

图书在版编目（CIP）数据

爱孩子要敢于说不 / 孙云晓编著. —合肥：安徽教育出版社，2010.10
（孙云晓与你面对面）
ISBN 978-7-5336-5683-6

Ⅰ.①爱…　Ⅱ.①孙…　Ⅲ.①儿童教育：家庭教育
Ⅳ.①G78

中国版本图书馆 CIP 数据核字（2010）第 201579 号

书名：**爱孩子要敢于说不**　　作者：孙云晓　编著

出 版 人：朱智润　　策划编辑：杨多文　　责任编辑：张　利
装帧设计：何宇清　　封面摄影：王　瑶　　责任印制：王　琳

出版发行：时代出版传媒股份有限公司　http://www.press-mart.com
安徽教育出版社　http://www.ahep.com.cn
（合肥市繁华大道西路 398 号，邮编：230601）
营销部电话：(0551)3683010，3683011，3683015
排　　版：安徽创艺彩色制版有限责任公司
印　　刷：合肥创新印务有限责任公司　电话：(0551)4456946
（如发现印装质量问题，影响阅读，请与印刷厂商联系调换）

开本：720×960　1/16　　印张：15　　字数：280 千字
版次：2010 年 11 月第 1 版　　2011 年 1 月第 2 次印刷

ISBN 978-7-5336-5683-6　　定价：25.00 元

版权所有，侵权必究

三位著名教授联袂推介

陆士桢（中国青少年研究会副会长、中国青年政治学院教授）：“孙云晓与你面对面”丛书是一套青少年教育专家和父母、孩子网上聊天的真实记录；是在与教育者及被教育者思想交锋、碰撞中，迸发出来的闪耀着理性思想光芒的教育宣言；是在深刻思考后，以一种创新精神对现行教育的反思，对现实生活中人们习以为常的一些观念、认识、行为的拷问和批判；是一部教育思想的读物，是一部家庭建设的读物，也是一部社会问题的读物，是一部现代中国教育的“论语”。

作者不仅批判了当代教育的弊端，而且提出了很多积极的对策性意见，对于当代中国教育，特别在教育观念和教育思想上开出了一系列颇具创造性的药方。期望有更多青少年、父母、老师读一读这套丛书，期望有更多的人关注今天孩子们的成长，更多的人去思考教育，实践现代教育思想，在人格培养上也能更快、更多地与国际接轨。

田慧生（中央教育科学研究所副所长、研究员）：“孙云晓与你面对面”是一套独特的书，它是孙云晓在自己的网站上与网友们对话、聊天的真实记录。这套丛书的一些观点不仅新颖，而且具有内在的冲击力，能够打动人、启发人。

这套丛书给我们提供的最大启示，就是要学会用孩子的眼光看待孩子。在有些问题上，放弃成人的标准或权威，放弃强迫，转换一下立场，变换一下思考问题的角度，切实地站在孩子的立场上去关注他们，尊重他们，理解他们，横亘在两代人之间的那堵无形的“墙”就会逐渐消解，理解之窗就会悄然洞开。但这并不意味着放弃成人的责任，而是换一种方式更好地负起应负的责任。

劳凯声（首都师范大学教育学科首席专家、教育政策与法律研究院院长、教授、博士生导师）：“孙云晓与你面对面”丛书的内容是作者10年来在“孙云晓网站”上与青少年进行讨论、沟通的一个缩影，所涉及的问题不是一般意义上的说教。作者没有扮演传统的教师角色，而是以一个大朋友的身份来与青少年共同探讨，不仅感动着孩子，也感动着他们的父母和老师。

在我看来，成人社会不应把孩子看成是大人的附庸，看成是父辈的替身、父辈理想和意志的一部分。幼小的生命同样应具有自己的尊严与权利，培养孩子的最初出发点和最终目的都应是让他们从家庭走向社会，在未来的社会中大显身手，实现自我价值。愿所有重视教育问题的人们，都来读一读这套令人回味的丛书。

目　录

第一章

|健康人格决定孩子一生|

考试作弊显示“冰山一角”

应试教育是作弊的罪魁

孙云晓对所有人说：各位网友晚上好，我们又见面了。今晚我们讨论“考试作弊显示‘冰山一角’”。我想，做过学生的人对此都深有感触。欢迎大家说出自己的想法。今晚的话题实质是一个诚信问题。我最近去欧洲又去香港，深切感到中国人在诚信方面是有危机感的。

王琨对**孙云晓**说：孙老师，话题提出的时间刚好，马上就要期中考试了。

不想长大对**孙云晓**说：孙老师，我不赞成学生作弊，但我觉得学生作弊是老师、父母的责任，是被逼出来的。

孙云晓对不想长大说：有 定道理，应试教育逼得人去作弊，这可以理解，但如果作弊成为习惯，却又暗自得意，却可能带来更大的麻烦。

不想长大对**孙云晓**说：如果父母老师不施加压力，学生干吗要去作弊呢？

孙云晓对不想长大说：一个人应当对自己负责，不必把平时的考试看得太重，诚实的人最终是获益的人，在学习上尤其如此。

不想长大对**孙云晓**说：把考试看得最重的不是学生自己哦，是老师、父母。

孙云晓对不想长大说：也有的学生比老师、父母更看重分数。

不想长大对**孙云晓**说：我的学生很少有作弊的，因为我从不把学生的坏成绩通知父母，我也不喜欢让学生的父母在试卷上签名。

孙云晓对不想长大说：这很难得。

无法无天的人是危险的

不想长大对**孙云晓**说：说句实在话，我在考试时很少作弊，可我不是不想而是不敢。

孙云晓对不想长大说：人有所畏惧是必要的，无法无天的人是危险的。

不想长大对**孙云晓**说：说个公开的秘密，学生作弊是老师教出来的，您信吗？

孙云晓对不想长大说：我相信，这样的老师更可耻。

不想长大对**孙云晓**说：是啊。这样的老师有很多很多，可他们又是为了什么您想过吗？您做过调查吗？

孙云晓对不想长大说：可能是为了个人利益，如晋级、评奖、竞争，等等，但这是教唆孩子走邪路。

不想长大对**孙云晓**说：不完全为了这些，至少多数不是为了这些。这其实是一级骗一级。比如市里来抽考县里就会暗示，县里抽考乡里暗示，乡里抽考学校暗示，学校抽考老师暗示，只有老师自己测验才最真实。

孙云晓对不想长大说：作弊的领导比老师更可耻。

不想长大对**孙云晓**说：您也许，不，您肯定不知道，素质教育已很极端。我们市教育局局长公开宣布：只要他还当局长就一定要考。我们学校甚至实行月考。学生可怜啊！

孙云晓对不想长大说：素质教育和考试并不矛盾，关键是考什么，怎么考。高素质的学生应该不怕考试。

不想长大对**孙云晓**说：怎么不矛盾呢？

孙云晓对不想长大说：素质教育也需要了解学生的学习状况，而考试是一种有效的方法，关键在于评价的标准与态度。有些作弊是不公平导致的自私行为。

tttttt 对**孙云晓**说:您觉得考试作弊有什么好处呢?

孙云晓对 tttttt 说:好处两个字应该加引号。它可以使人获得荣誉甚至获得升学的机会,但这里面包含着危险。

tttttt 对**孙云晓**说:您觉得考试作弊的人可耻吗? 为什么?

孙云晓对 tttttt 说:可耻。因为欺骗了大家,也欺骗了自己。

tttttt 对**孙云晓**说:您觉得能从考试作弊说明一个人的好坏吗?

孙云晓对 tttttt 说:多少可以说明作弊者总是有问题的。

tttttt 对**孙云晓**说:我觉得在中国,学生考试作弊就是因为老师和父母的压力,您对此有什么看法?

孙云晓对 tttttt 说:不能简单地这样说。作弊肯定是可耻的,是一种心理扭曲的行为。

见到丑恶,我们也要变得丑恶起来吗

tttttt 对**孙云晓**说:现在学校的考试作弊行为很多,在我的身边也有。很多人以自己能够作弊为一件光荣的事情,还总是对别人说。您对此的看法呢?

孙云晓对 tttttt 说:你说得对。问题是见到丑恶,我们也要变得丑恶起来吗?

tttttt 对**孙云晓**说:但是现在的社会要求的就是分数,为了达到目的学生当然就会使用作弊的手段了。您怎么看?

孙云晓对 tttttt 说:这是一个悲剧性的社会效应。

tttttt 对**孙云晓**说:您说一个准备考驾照的人给了教练红包,这和一个学生在考试中作弊性质有什么不同?

孙云晓对 tttttt 说:性质更恶劣,这等于拿其他人的生命开玩笑。

静仪对**孙云晓**说:孙老师,你感觉外国的学生是如何对待诚信问题的呢?

孙云晓对静仪说：外国人最不能容忍的就是弄虚作假，这样的人不会有朋友，连生存都困难。通过对上千名富翁的调查结果显示，成功的第一要素是诚信。

王琨对**孙云晓**说：我觉得中国人所缺少的就是诚信。

孙云晓对王琨说：是的，这是民族的悲哀。在有些外国人眼里，中国是个“假话国”，很难和中国人打交道，这给中国人在与人交往的时候增加了极大的困难。

静仪对**孙云晓**说：我还想问您一个问题，您作过弊吗？

作弊也光荣对**孙云晓**说：哈哈，这也是我想问您的问题啊，您作弊过吗？

孙云晓对静仪说：作过。想蒙混过关的时候，为了面子。现在想起来真没有必要，因为诚实更让人坚实有力。

静仪对**孙云晓**说：我想也是这样的，作弊的感觉实在不是很好。

静仪对**孙云晓**说：作弊和诚信应该不是联系在一起的。儿童时期的作弊只是对好成绩的一种渴望，但是未必对他将来的生活会有绝对性的影响吧？

孙云晓对静仪说：作弊的甜头对小孩子的诱惑是强大的。这是一个危险的开端，不能任其发展。

张美娟对**孙云晓**说：我们的教育体制导致了我们的学生、老师追求分数，产生作弊现象！

孙云晓对张美娟说：这只是原因之一。那为什么在同一个体制下，很多人不作弊呢？

张美娟对**孙云晓**说：我们为什么不能从本质上讲讲呢？

孙云晓对张美娟说：有些作弊是评价不公平导致的自私行为。

王琨对**孙云晓**说：父母、老师只在乎分数，不在乎别的。这能怪学生吗？

孙云晓对王琨说：学生作弊自然与父母和老师有关，这可以理解，但是做人更重要。如果习惯了作弊，必将付出沉重的代价。

出污泥而不染才是真可贵

刘芳对孙云晓说:我觉得考试作弊完全是应试教育的产物。做任何错事都会有原因。我们不能只看见它的错啊。

孙云晓对刘芳说:是的。原因在于导向,老师和父母负有责任。考试一般是为了测查学习效果。如果作弊,怎么能知道学习的真实水平呢?又怎么有利于提高呢?

刘芳对孙云晓说:是啊。我妈妈也喜欢在我面前讨论怎么作弊。这就是我为什么会作弊的根本原因!(今天我妈妈不在啊。)

孙云晓对刘芳说:有时候,作弊是老实人无奈的选择,但这显然不是最好的选择,就像别人偷了东西,你也非偷一点儿才心里舒服对吗?

采风对孙云晓说:孙老师,请问如果您的孩子作弊,您会怎样对待她?

孙云晓对采风说:我会严肃批评。因为我不在意她的分数,而注重学习态度和方法,这才是重要的。

采风对孙云晓说:她作过弊吗?

孙云晓对采风说:也有可能吧。虚荣心嘛!风气来了个人心里也容易不平衡,不作弊需要胆识。

诚实的人往往是有大本领的人

采风对孙云晓说:是啊。有时学校里有这样的作弊风气,想让孩子洁身自好都是比较难的。况且哪个孩子不希望得到父母的赏识呢?

孙云晓对采风说:是的。这可以理解,但沧海横流方显英雄本色,诚实的人是有大本领的人。

采风对孙云晓说:我想这也和父母的素质有关系,如果父母不在成绩方面逼迫孩子的话，我相信孩子也会用平和的心态对待成绩的。

孙云晓对采风说：是的。所以应当为孩子改造成年人的世界。

不想长大对**孙云晓**说：听说有一年某位领导人来到我们这儿的一个普通农民家，省里通知市里、市里通知县里，结果让他家一夜之间“小康”了。这不是作弊吗？谁作的弊呢？

孙云晓对不想长大说：这是作弊，这是丑闻，甚至是一种犯罪行为，因为欺骗了领导人，让人民失去了与领导真实沟通的机会。

不想长大对**孙云晓**说：是啊。我所说的是：如果领导人想知道真实情况，就得像以前的皇帝微服私访一样，但这是不可能的，所以他们也许永远不会知道真正的穷人的情况。

孙云晓对不想长大说：据我所知，领导人有许多渠道去了解真实情况。

采风对**孙云晓**说：但是有的时候成年人世界的作弊现象的确给孩子带来了不好的影响。比如“不想长大”讲的事情。

孙云晓对采风说：是的。孩子作弊多数是跟大人学的。

采风对**孙云晓**说：可是该怎样改变成年人的世界呢？我们生活的环境里充满了作弊。我们可能对领导作弊，也可能对同事作弊，连商品也有那么多是假的。在这种情况下，我们还能改变自己吗？

孙云晓对采风说：越是作弊成风的时候，诚信越珍贵，出污泥而不染的荷花让人千古赞叹，就是这个道理。我们总不能和丑恶一起腐烂吧？

采风对**孙云晓**说：可是您能想出让大家纯洁的办法吗？当评职称的时候，同事们都去找关系，我们能无动于衷吗？

孙云晓对采风说：设法介绍自己的水平，是一种竞争的方法，这不是作弊。

采风对**孙云晓**说：可是有人靠送礼获得选票，这不是作弊吗？

孙云晓对采风说：是的，可一旦被揭穿，身败名裂。历史终究是公道的。

采风对**孙云晓**说：但是历史是太长久的时间，许多人也占了许多便宜啊！

孙云晓对采风说：表面看是这样，但是一切都要付出代价，作弊的人如果得意那就是小人了，不作弊的人在痛苦中也会有一种心灵的安宁。

公平公正是关键

王琨对**孙云晓**说：人作弊习惯了会产生依赖心理吧？这样对别人也很不公平！

孙云晓对王琨说：是的。高考最典型。作弊的人剥夺了老实人的机会，甚至剥夺了别人的命运。这怎能不说是可耻呀？一辈子都不得安宁。

王琨对**孙云晓**说：您在国外，会有人对你提起中国的不足吗？

孙云晓对王琨说：太多了。自己看到的就不少。在外国买东西砍价，人家会感到受了侮辱，甚至拒绝买卖。

王琨对**孙云晓**说：面对那样的情景您怎么想？您怎样对人说你的祖国？

孙云晓对王琨：我坦率承认中国的问题，这也是个诚信的态度。

笑寒对**孙云晓**说：孙老师好！我想问的是，作弊对于学生来说是利大于弊呢，还是弊大于利？

孙云晓对笑寒说：从长远来看是弊大于利，从眼下来看可能是利大于弊。

笑寒对**孙云晓**说：但是，有些同学通过作弊，自己本来不会的知识点记住了。这又怎么看呢？

孙云晓对笑寒说：不作弊也能记住知识点。

笑寒对**孙云晓**说：我说的是，在考场那个高度紧张的状态下，注意力高度集中，对记忆或许有好处。

孙云晓对笑寒说：这是作弊的理由吗？

ttttttt 对**孙云晓**说：您觉得如何能制止学生考试作弊？

孙云晓对 ttttttt 说：不以成绩论英雄，而重视学习态度和方法，从而在绝大多数情况下是可以杜绝作弊的。

ttttttt 对**孙云晓**说：您觉得应该怎样处理考试作弊，才能既不伤害学生的自尊心又能起到教育作用？

孙云晓对 ttttttt 说：不要在公开场合让初次作弊的学生亮相，但应让他自我批评，自我反省，可能会好一些。

ttttttt 对**孙云晓**说：就现在的情况来讲，您的办法可行吗？

孙云晓对 ttttttt 说：做诚信的人自然会付出代价，但这也是成功的代价。虚假的荣耀对人有什么好处呢？

ttttttt 对**孙云晓**说：怎样才能彻底打消学生作弊的念头？

孙云晓对 ttttttt 说：公才能平，平才能正，成年人的公平公正是关键，让作弊者付出高昂的代价是必要的，否则就是在惩罚老实人。

ttttttt 对**孙云晓**说：有的时候老师会“纵容”学生作弊，您觉得在特定条件下这种做法对吗？

孙云晓对 ttttttt 说：任何条件下都不对。

ttttttt 对**孙云晓**说：可以给我们介绍一下国外的教育吗？

孙云晓对 ttttttt 说：在国外无论是学校还是企业，作弊者都会受到严厉惩罚的。如审计师做假账，一旦查出将失去从业资格。谁敢玩火？

王琨对**孙云晓**说：像您说的高考埋没了很多老实人，他们要怎样才能显示出自己的本领？

孙云晓对王琨说：老实人的出路在于坚持到底，让事实说话。而作弊的人难以坚持到底，纸终究是包不住火的。

王琨对**孙云晓**说：您觉得在诚信方面哪个国家最好？

孙云晓对王琨说：德国可能排在前面。比如，德国的建筑工程比较慢，科隆大教堂建了六百年，但质量惊人，这就是诚信。

人要对自己的过失负责

carromin对**孙云晓**说：这次我们学校举行月考，我们班有一位学生为了和同学搞好关系，竟然为别人提供答案。你说这不是社会的一个缩影吗？

孙云晓对carromin说：是的。

carromin对**孙云晓**说：在学校里，有的老师对学生的作弊行为睁一只眼闭一只眼，这说明什么呢？

孙云晓对carromin说：这样的老师已经不是老师了。

carromin对**孙云晓**说：在这样的环境里，面对这些不称职的老师，我们应该怎么做呢？

孙云晓对carromin说：蔑视他们，超越他们，走自己的路。

carromin对**孙云晓**说：孙老师，你说得太好了！

刘芳对**孙云晓**说：我本来是很安分的，可是我们班的同学为了高分总是作弊，我心理不平衡。

孙云晓对刘芳说：如果坚持下去，你就是了不起的人。

刘芳对**孙云晓**说：我不明白。是坚持下去不受影响吗？我不是荷花啊，不会出污泥而不染。

孙云晓对刘芳说：至少心里要明白，脏了一点不可怕，可怕的是烂下去。

不想长大对**孙云晓**说：哦，对了，有件事，最近我们这儿的高级中学开除了5个偷试卷的学生。

孙云晓对不想长大说：好极了。成本越高，作弊的人越少。

张美娟对**孙云晓**说：开除学生不是教育的目的！学校要从学生的角度去想想！

孙云晓对张美娟说：惩罚也是一种教育手段，应当严惩偷试卷者，当然不一定开除。

张美娟对**孙云晓**说：从此又多了几个潜在的犯罪人员！学校不负责任，没有实现学校的作用！其实是学校助长了作弊的风气，一味追求分数！

孙云晓对张美娟说：是的。

张美娟对**孙云晓**说：中国都加入 WTO 了！我们的教育制度能跟上世界吗？

孙云晓对张美娟说：差距很大，需要下大力气去追。

不想长大对**孙云晓**说：还有一件让人痛心的事，一个成绩优秀的农家孩子替别人参加中考却被开除，而让别人代考的却上了学。

孙云晓对不想长大说：愚蠢，老实人的愚蠢，做人的原则动摇了。

不想长大对**孙云晓**说：是。可他是因为穷啊。他是为了得到上学的钱啊，另一个是有钱人的孩子。

孙云晓对不想长大说：诚信是做人之本，不能因任何事情而动摇。这是古今中外的人生启示。

不想长大对**孙云晓**说：也许您是对的，我同意您的观点，但我同情他。

孙云晓对不想长大说：任何人都要对自己的过失负责，这世界才会公平。

王琨对**孙云晓**说：我们马上就要期中考试了，选前 300 名重点学生，没选上的上重点都没希望。这样的压力很残酷吧？

孙云晓对王琨说：非常残酷。中国的教育资源有限，选拔是经常的，应当凭实力竞争。

王琨对**孙云晓**说：可如果有人靠作弊得到高分，对其他同学会很不公平。没选上的同学连第二个晚自习都没有资格上。

孙云晓对王琨说：靠作弊获得一点荣誉是很可怜的，再得意一番就更加可怜。

王琨对**孙云晓**说：多谢！

tttttt 对**孙云晓**说：您觉得当一个人撒谎了，他要用金钱来赎罪，您觉得可以吗？

孙云晓对 tttttt 说：光用金钱是不够的，在哪里欠了账就要在哪里还。

诚信是人格的本质

carromin 对**孙云晓**说：我是高一年级的班主任，我选了一个在我看来各方面都不错的学生做我们班的班长。可最近，他居然偷了人家（他的好朋友的父亲）的手机并将它拿出去卖了钱。这样的孩子会有前途吗？

孙云晓对 carromin 说：我常说，好孩子是危险的，正是指这一类情况，所以看人应看本质，而本质就是人格。

carromin 对**孙云晓**说：我今天在做他的思想工作时，把自己都说得掉下了眼泪。我情愿用自己的钱来资助他上学，只是求他走一条光明的路。他也保证以后不再干这样的蠢事了。这样做有效吗？

孙云晓对 carromin 说：应当给他改正错误的机会，谁都有糊涂的时候。

王琨对**孙云晓**说：并不是每个人都不讲诚信，我们身边就有许多讲诚信的楷模。

孙云晓对王琨说：是的。我们谁都不会选择虚情假意的人做朋友。这就是对作弊者的惩罚。

王琨对**孙云晓**说：哦，希望下次聊天时，我会心安理得地告诉你好消息，我是说希望我能排进前 300 名。

孙云晓对王琨说：祝你成功！但以平常心奋斗，可能效果更好。

王琨对**孙云晓**说：谢谢。不管怎么样，我会努力的。只要努力了，我就不后悔。到时候，我把消息给您留在留言板上！

孙云晓对王琨说：好的，我等着。

王琨对**孙云晓**说：不管别人怎么样，我都会保持诚信的品格。中国人很多，再多的人思想工作也要一个一个做，今天您就教育了我。

孙云晓对王琨说：谈不上教育，只是一起探讨，我为大家的真诚而感动。

王琨对**孙云晓**说：中国又少了一个，不，今天在座的都是，中国少了这么多的不诚信的人！

xwsatxh 对**孙云晓**说：孙老师，高考这道坎在我们这里是越来越逼近小学和初中，教师的评优和晋级都是以学生的成绩和在学校的名次为标准，学生的课业负担又重。

孙云晓对 xwsatxh 说：对国家来说，要尽快改革。就个人来说，要突出重围。我们别无选择。

xwsatxh 对**孙云晓**说：今年市教委搞了一个质量评奖，评小学生的入学成绩。现在不是不准小学毕业考试吗？领导就来了个入学测试，来评价小学。这样一来各个学校都抓紧准备要考试的科目。刚刚宽松点儿的教育环境，又回头了，目的是为了保住高考成绩的全地区第一。

孙云晓对 xwsatxh 说：这有个过程，也有复杂的因素，但心里一定要明白，不要作弊上瘾，成了一个“假人”。

人生就像顶风的船

银儿晓雪对**孙云晓**说：我觉得作弊问题是无法避免的。

xwsatxh 对**孙云晓**说：虽然很难，但人生就像顶风的船，否则，就会随波逐流，希望也不复存在。

孙云晓对所有人说：各位网友，我有个想法，今后讨论一些有趣的话题，如下个月讨论《歌德和维特》，这是我在德国写的诗，关于歌德与《少年维特之烦恼》的故事，即爱情故事，欢迎大家参加讨论。

刘芳对**孙云晓**说：那些诗是您写的吗？

孙云晓对刘芳说：是的。我最近又成了文学发烧友，迷上了写诗，愿与大家分享。

tttttt 对**孙云晓**说：就一首吗？太少了？

孙云晓对 tttttt 说：有几十首呢，尽量选择大家都感兴趣的内容，如文化名人、重要的历史故事等等。

刘芳对**孙云晓**说：您的诗的内容都是关于“发高烧”的吗？

孙云晓对刘芳说：是啊。不过高烧是诗的灵感之“烧”，大多是关于名人和历史，如巴尔扎克、海涅、贝多芬、安徒生、拿破仑、莎士比亚等等。

（2001 年 10 月聊天记录精选）

人无信则不立

没有忠诚就没有爱情

孙云晓对所有人说:各位网友晚上好。今天是新年的第一次聊天,我们讨论我的诗《忠诚》,即诚信问题。为方便大家了解此诗,这里摘录一部分,供参考:"忠诚/只是招牌/谎言/流光溢彩/虚伪/比朴实可爱/假的/比真的发财/难道/这就是我们的世界/我们/是苍蝇吗/追腐逐臭/胃口大开/我们/是饿狼吗/嗜血成性/贪欲如海/不/不该/我们是人/人应有人的气派/正义/我们的身骨/忠诚/我们的血脉……"

rrr对**孙云晓**说:孙老师,为什么您近期的聊天主题都以诗的形式表示出来?

孙云晓对rrr说:我想换一种表达方式。诗是属于青年的,让我们过一种激情生活。

王琨对**孙云晓**说:您的诗是什么意思呀?

孙云晓对王琨说:表达对弄虚作假现象的愤慨。因为中国出现了诚信危机,我们难道感觉不到吗?能容忍吗?

不想长大对**孙云晓**说:什么叫忠诚呢?是不是该有个度呢?

孙云晓对不想长大说:忠是坚定自己的信仰,诚是言而有信,一心一意。

rrr对**孙云晓**说:忠诚是指对什么忠诚?是对一切吗?

孙云晓对rrr说:忠诚往往是指对信仰、对感情、对团体的态度。在这里我们指诚信。

lydly对所有人说:有一个这样的有趣故事,一个在中国大学里教公共英语的老外,上课特别认真，为了教好中国学生外语，还特地和几个同事合编了一本配合教材的参考书。学期末考试的时候，中国老师按照习惯都要划重点。但是这个老外却没有划复习重点，而是打开他们编的参考书的最后一课，学了一篇名为《关于诚实》的文章。文章中有一段令我终生难忘的话：听说作弊在中国是一种普遍现象，每个学生都作弊。打死我也不相信！因为，一个作弊的民族怎么可能强大？

孙云晓对 lydly 说：谢谢你的故事，老外的问题很深刻。中国的强大得益于诚信，但虚假也会使中国衰弱。

永远有多远对**孙云晓**说：请问孙老师，爱情是否也需要忠诚呢？

孙云晓对永远有多远说：当然，没有忠诚就没有爱情，爱情的故事就是忠诚的故事。

永远有多远对**孙云晓**说：可是现在诚信的人不多了。没说过假话的有几人？即使是夫妻之间、家庭成员之间。

孙云晓对永远有多远说：这就是可怕的地方，我们应该想想原因在哪里。

永远有多远对**孙云晓**说：我感觉周围的环境都是这样，所以即使诚恳的人、真实的人也往往被迫放弃诚信。

孙云晓对永远有多远说：人有无奈的时候，但应当守住良心，心灵的家园不能荒芜。

不想长大对**孙云晓**说：昨天校长开会讲了这样一件事，我们学校退休的老校长病了，他当年是“听毛主席的话”过来支援教育的，在这儿干了 44 年。现在他老了病了，却没钱去住院。

孙云晓对不想长大说：一个让好人吃亏让坏人占便宜的社会，是一个腐蚀性的社会，因为它扭曲正义，颠倒黑白。

rrr 对**孙云晓**说：我说假话一般是自己做错了事，又怕被批评，从而逃避责任。

孙云晓对 rrr 说：可以理解。撒谎的一大原因就是逃脱困境，可撒谎往往制造更大的困境。

rrr 对**孙云晓**说：但有人说假话是为了名利等。

孙云晓对 rrr 说：是的。个人名利得到了，却给大家带来灾难，这还叫人吗？

任何时代都需要忠诚

孙云晓对所有人说：虚假有可能葬送我们的幸福生活，比如许多假食品、假药品，谁敢吃呢？

vivian 对**孙云晓**说：忠的定义是什么？标准又是什么？

孙云晓对 vivian 说：忠就是一心一意，不因风云变幻而动摇。

王琨对**孙云晓**说：孙老师，您觉得中国不存在忠诚吗？

孙云晓对王琨说：不，忠诚的人很多，他们是民族的脊梁，是希望所在。

王琨对**孙云晓**说：对，我也是这样觉得的，不忠诚的人只是一小部分人，是“假人”。

孙云晓对王琨说：“假人”害死人。

火之魂对**孙云晓**说：孙老师，你是怎样看待那些不忠诚的人的？

孙云晓对火之魂说：不忠诚的人是人生悲剧，个人有责任，社会也有责任。

火之魂对**孙云晓**说：对于那些不忠诚的人，我们是不是应该唾弃他们呢？

孙云晓对火之魂说：不，应当帮助他们。这世上谁没有缺陷呢？

火之魂对**孙云晓**说：孙老师，能帮我们分析一下忠诚与诚信的不同吗？

孙云晓对火之魂说：忠诚是个大概念，诚信是其一。诚信是讲一个人言而有信，而忠诚除了诚信还包括信仰。

不想长大对**孙云晓**说：我们做 100％的工作却只发 50％的工资，好多同事都灰心了，不想干了，虽然工作不是为了钱，可起码的生活都没了保障，谁还那么忠诚呢？

孙云晓对不想长大说：忠诚的人并非不讲个人利益。你们可以继续争取自己的权利。

不想长大对**孙云晓**说：怎么讲？和谁去讲？谁讲谁就下岗！现在我们这儿好多高中、初中老师都去了南方。

孙云晓对不想长大说：适者生存。老师去了南方也未必是坏事。

不想长大对**孙云晓**说：他们走了，我们地方的教育受到很大影响。高中课程初中老师教，初中课程小学老师教，小学好办，找代课老师！

孙云晓对不想长大说：人才流动带来希望，也带来问题，总会逐步解决的。不让动更没有希望。

永远有多远对**孙云晓**说：比如说，对有个同事我非常赞成，但在同事们评价他的时候，我却不敢说出我的真实看法，因为那样大家会觉得我在拍马屁，所以我只好不讲话。您怎样看这个问题？

孙云晓对永远有多远：应该实话实说，沧海横流见英雄。当然，讲明自己的理由要客观一些，艺术一些。

永远有多远对**孙云晓**说：那么我应该怎样做呢？

孙云晓对永远有多远：学会表达，坚持正义，把两者结合起来。

红细胞对**孙云晓**说：您说守住良心，可是我觉得在没有良心的人面前，有良心的人总处于弱势。

孙云晓对红细胞说：未必。没有良心的人也会自惭形秽，暗暗敬佩有良心的人。

lydly 对**孙云晓**说：最近有一个报道，北京市教师队伍中，感慨“压力大”的超过 9 成，表示“爱本职”的不足 2 成。孙先生对此有何感想？

孙云晓对 lydly 说：这个数据未必准确。爱本职工作的老师不少，但他们压力的确很大，需要很多帮助。

鬼丫对**孙云晓**说：我觉得《丑陋的中国人》里说得对，有时人们太忠诚了，但却是盲目的。

孙云晓对鬼丫说：是的。过去有些忠诚是愚忠，但任何一个时代都需要忠诚精神。

儿童悄悄改正错误是自我教育

晃晃悠悠的鱼对**孙云晓**说："忠诚在，人在，忠诚不在，人不在"这句话怎么解释？

孙云晓对晃晃悠悠的鱼说：真正的人必定是诚信的，有信仰的，否则，就不是真正的人。

晃晃悠悠的鱼对**孙云晓**说：老师，你的意思是说，如果一个人对社会对自己不忠了，那他活得就没有意义了吗？

孙云晓对晃晃悠悠的鱼说：那倒也未必，每一种活法都应当尊重。我只是说，人生需要忠诚，忠诚在人在，忠诚不在人不在。

晃晃悠悠的鱼对**孙云晓**说：老师，忠诚是不是需要一个过渡期？是一开始忠诚的方向就要很正确吗？

孙云晓对晃晃悠悠的鱼说：好的开始是成功的一半，开头是奠基，人生之基靠诚信。当然，现代意义的忠诚应具有科学精神。

晃晃悠悠的鱼对**孙云晓**说：那是不是每个人每个阶段忠诚的对象都不一样呢？

孙云晓对晃晃悠悠的鱼说：自然有所不同。儿时忠诚于友谊，成人忠诚于信仰。

希望对**孙云晓**说：我想问问，孩子知道错了，悄悄地改正算不算诚实？

孙云晓对希望说：应该算，这是儿童的自我教育。

希望对**孙云晓**说：如果算诚实，那是不是父母与孩子的沟通出现了问题？

孙云晓对希望说：未必。谁都愿意悄悄改正错误，人心向善嘛！

希望对**孙云晓**说：那么，如果孩子犯了错误，他每次都悄悄地改，会不会养成以后遇到任何事情都不和父母讲的习惯呢?

孙云晓对希望说:引导很重要,告诉他敢于承认错误是了不起的,他会渐渐地鼓起勇气,养成好习惯。

NaOH 对**孙云晓**说:请问老师,岳飞的忠诚可取吗?

孙云晓对 NaOH 说:岳飞是英雄,并以忠诚闻名天下,让人们世世代代敬仰,并成为中国传统文化的重要内容。当然,他的忠诚里有愚忠的部分,那是时代的局限,我们不能苛求古人。

NaOH 对**孙云晓**说:我很敬重岳飞,但是我也为他惋惜,也许南宋的江山叫他来主持会好许多!

孙云晓对 NaOH 说:我也为岳飞惋惜,但他已经尽了力了,千年以前的人没有愚忠是很难的。

红细胞对**孙云晓**说:岳飞愚吗? 我不觉得! 如果没有岳飞之死,很多人恐怕还不会警醒!

孙云晓对红细胞说:现代人有现代的视角。

恒福夏建对**孙云晓**说:岳飞是个军人,他应该服从命令! 他的悲剧在于时代!

孙云晓对恒福夏建刚说:同意。

火之魂对**孙云晓**说:老师,我不明白,我们是不是要求每个人都对别人忠诚?

孙云晓对火之魂说:谁不希望人人忠诚呢?

水华对**孙云晓**说:诚信是指每一个事吗?

孙云晓对水华说:是的。当然,诚信是原则,方法可以灵活。

红细胞对**孙云晓**说:孙先生,您觉得怎样才能提高整个社会的"忠诚"度?

孙云晓对红细胞说:打击弄虚作假的人,让虚假的代价高得难以承受。如德国财务人员做假账,一旦查出,终身不得再从事财务工作。这就是个好办法。

红细胞对**孙云晓**说：孙先生，您觉得人在任何时候都应当并且可以忠诚吗？

孙云晓对红细胞说：是的。

成功的第一秘诀是诚信

永远有多远对**孙云晓**说：孙老师，请问诚信在当今社会真的那么重要吗？比学习还重要吗？

孙云晓对永远有多远说：诚信比学习成绩重要一千倍。只有诚信才有科学，才有发展，才有真正的人生。

永远有多远对**孙云晓**说：但现实证明，即使是一些成功的人也未必讲真话，比如商人，有几个说真话的？

孙云晓对永远有多远说：不，通过对全世界上千名大富翁的调查显示，成功的第一秘诀是诚信，因为诚信才有信誉，才有合作，才会成功。

永远有多远对**孙云晓**说：那么您怎样解释现实中存在那么多虚假而又成功的人呢？

孙云晓对永远有多远说：因虚假而成功是表面的、暂时的。

鬼丫对**孙云晓**说：那么，您认为是否在每一个人心里都有一个东西需要他去为之忠诚？

孙云晓对鬼丫：对，那就是信仰和良心。

火之魂对**孙云晓**说：这个社会太注重成绩了，他们往往不知道，一个道德低下的人，成绩再好，也是这个社会的败类！

孙云晓对火之魂说：说得对。一个言而无信的人也可能获得某些成就，但并不值得信任。

鬼丫对**孙云晓**说：我想您所忠诚的是您的事业吧？

孙云晓对鬼丫说：是的。否则我不会有今天的成绩。

鬼丫对**孙云晓**说：您认为我们的父母忠诚于什么？

孙云晓对鬼丫说：许多父母忠诚于良心和国家。

鬼丫对**孙云晓**说：我不知道为什么有的时候我们的忠诚会和“国家”二字分开？

孙云晓对鬼丫说：父母一代对国家的感情与我们不同，其实忠诚是优良品质的组合。

晃晃悠悠的鱼对**孙云晓**说：忠诚包不包括自信？如果一个人没有了自信是不是就算对自己不忠？

孙云晓对晃晃悠悠的鱼说：自信与忠诚不是一回事儿。当然，忠诚需要自信。

lydly对**孙云晓**说：您说的“忠诚、诚信”是否也是属于非智力因素方面的教育呢？

孙云晓对lydly说：是的。

不想长大对**孙云晓**说：有个孩子因为没回答出老师的问题，老师也许无心说了句“你这个样子中午不要吃饭啦”，结果那孩子中午真不吃饭！

孙云晓对不想长大说：老师错了。孩子是可爱的，越小的孩子越听老师的话。这是他成长的需要。

不想长大对**孙云晓**说：可能是我的话不足以让我的学生当作“圣旨”，他们总不听我的话！

孙云晓对不想长大说：不听话不一定不好，关键看对问题的态度是否实事求是。

希望对**孙云晓**说：我记得孩子的语文书上说列宁有一次说谎，他母亲原谅了他，他非常感动，从此再也没有说过谎。我对此表示怀疑，因为我们也是每次都对孩子这样说，但有时孩子还是会撒谎。

孙云晓对希望说：列宁的童年有被神话的一面。孩子不成熟，有些道理要细细地讲，甚至要给他反复体验的机会，他才能明白。

希望对**孙云晓**说:我认为现在社会上不诚信的人太多了,包括老师也一样,因为每次督导团来学校检查,孩子的老师都事先让孩子作假。你说做父母的还怎么教育孩子?

孙云晓对希望说:这是教育的悲哀。为了荣誉做假,让孩子从小做假,这都是犯罪的教育。

希望对**孙云晓**说:现在的教育,只是强调父母该怎样做,却没有净化老师的德行。

孙云晓对希望说:教师与父母都是教育者,而教育者应为师为范,即学高为师行高为范。

希望对**孙云晓**说:孙老师,您的孩子骗过人吗?

孙云晓对希望说:大部分孩子都有过撒谎的经历。有时候说假话是出于无奈,关键在于成年人的引导。

忠诚与自我保护并不冲突

孙云晓对所有人说:有人问我忠诚于什么,我忠诚于现代教育,忠诚于真善美,忠诚于友谊。

晃晃悠悠的鱼对**孙云晓**说:老师,忠诚需不需要有回报?

孙云晓对晃晃悠悠的鱼说:忠诚不需要回报,而是一种人生态度。

晃晃悠悠的鱼对**孙云晓**说:那您忠诚到最后得到的是什么?一种心理上的安慰吗?

孙云晓对晃晃悠悠的鱼说:理性的决定,人性的选择。

晃晃悠悠的鱼对**孙云晓**说:老师,有些时候忠诚自己会和忠诚社会背道而驰,那么我们应该把忠诚什么放在首位?

孙云晓对晃晃悠悠的鱼说:把不伤害别人作为行为底线,也就是首位了。

vivian对**孙云晓**说:如果被人欺骗,你还会信他吗?

孙云晓对vivian说:要分析原因,如果是恶意欺骗,不应再信任。

vivian对**孙云晓**说:如果有一个人,被一个人骗了很多次,但她仍然相信别人,她是不是很傻?

孙云晓对vivian说:未必。心太善的人不容易相信恶,这是很感人的。

vivian对**孙云晓**说:如果你不知道他的动机是好是坏,你会原谅他的欺骗吗?

孙云晓对vivian说:会的。对人要宽容,要给人改正错误的机会。

vivian对**孙云晓**说:有时候,你的期待和善良,正是他欺骗的条件。

孙云晓对vivian说 :是的。忠诚的人不该是个愚蠢的人,应该学会保护自己。

lydly对**孙云晓**说:对于不忠诚的人不能仅以道德的标准来指责,是不是应加入法律严惩?

孙云晓lydly说:不妥。忠诚与否是道德问题,应当用道德的方法来解决。

lydly对**孙云晓**说:那在工作中对国家不忠诚呢?

孙云晓对lydly说:可用考核之法决定是否录用是否升迁,用法律手段惩治违法行为。

lydly对**孙云晓**说:忠诚可否由教育而达到目的?如何教?

孙云晓对lydly说:教育的核心就是做人的教育,而诚信乃做人之本。

lydly对**孙云晓**说:学校好像不是太注重做人教育,分数可以促进“做人”教育吗?

孙云晓对lydly说:难。

火之魂对**孙云晓**说:老师,忠诚的人与不忠诚的人是相对的。现在这个社会中,是忠诚的人多还是不忠诚的人多?

孙云晓对火之魂说:还是忠诚的人多。只是不忠诚的人数也让我们惊讶。

火之魂对**孙云晓**说:老师,现在有好多同学的父母纷纷离婚。这是不是他们之间都不忠诚于对方。

孙云晓对火之魂说：离婚不等于不忠诚，也可能是更忠诚，关键是爱情。

火之魂对**孙云晓**说：老师，忠诚是不是精神上的高层次状态？不是轻易就能说出忠诚二字的？

孙云晓对火之魂说：是的。它是全部精神的升华，是一种稳定的状态。

恒福夏建刚对**孙云晓**说：“不忠诚”在当今社会有时是为了自我保护，对吗？

孙云晓恒福夏建刚说：保护自我是对的，出卖忠诚是卑下的。

闻海鹰对**孙云晓**说：提倡忠诚与适度对自己进行保护并不冲突。

孙云晓闻海鹰说：对。法律也是这样规定的。

闻海鹰对**孙云晓**说：我想诚实并不是说对所有人都把自己的一切和盘说出，而是一个人对人对事的一个态度。

孙云晓对闻海鹰说：正是这样。

成人的诚信是儿童诚信的保证

闻海鹰对**孙云晓**说：对于孩子来说，首先是诚实，说说容易，现在有许多的孩子却做不到。

孙云晓对闻海鹰说：不是孩子做不到，而是大人做不到，孩子是比较诚实的。

闻海鹰对**孙云晓**说：忠诚首先应该从大人做起。当孩子有了说真话受罚而说假话得好处的经验时，他自然就学会说假话了。

孙云晓对闻海鹰说：完全正确。教育者要先受教育，为孩子改造成年人的世界。成人的诚信是儿童诚信的保证。

闻海鹰对**孙云晓**说：但是，面对这个光怪陆离的社会，有时候觉得真是挺无力的。

孙云晓对闻海鹰说：坚定信念是十分必要的。

闻海鹰对**孙云晓**说：我有这个信念。不过说实在的，我没有这个信心。

孙云晓对闻海鹰说：有信念就好办。每个人的心里都有真善美的追求，这就是诚信的根苗，慢慢会长大的。

闻海鹰对**孙云晓**说：完全赞同！

红细胞对**孙云晓**说：说得太好了。

闻海鹰对**孙云晓**说：谢谢你的鼓励！我知道凭我一人之力无法改变很多，可是如果能在死水中激起一点微波，我也会很安慰了。

孙云晓对闻海鹰说：了不起的境界。社会有这样的精神就有希望。

闻海鹰对**孙云晓**说：您别这么说我。我这也是忠诚，我忠诚于我内心的信念。我觉得做一个老师如果不能教给孩子做人的道理，不能给予他人格上的好的影响的话，就是犯罪。

孙云晓对闻海鹰说：你是一个好老师。

闻海鹰对**孙云晓**说：保护自我与出卖忠诚并不冲突，可是我觉得如果一定要在出卖忠诚后才能保护自我的话，如何选择就能体现一个人的人生态度了，是吗？

孙云晓对闻海鹰说：对。

孩子说谎话的第一原因就是说真话受到惩罚

希望对**孙云晓**说：我记得有一次孩子对我说，他因为上课说话了，课后他主动到班主任那儿去承认错误，老师却将他批评了一顿。回家后，他对我说，你不是说主动认错的孩子老师喜欢吗？真的，当时我无言以对！

孙云晓对希望说：孩子说谎话的第一原因就是说真话受到惩罚。这是大人的问题。

希望对**孙云晓**说：不知怎样让孩子相信，诚实了就不会有危险。

孙云晓对希望说：用事实说话。

良好习惯是人生之基对**孙云晓**说：这个社会太虚假，孩子在这种社会中，怎么会忠诚？

孙云晓对良好习惯是人生之基说：教育可以让孩子走向诚信。

良好习惯是人生之基对**孙云晓**说：对呀。您的《良好习惯是健康人生之基》何时让全国师生能看到？

孙云晓对良好习惯是人生之基说：正在全国传播。《光明日报》近日发表了我一篇文章，题目是《网络文明从习惯养成开始》，这也是传播。

良好习惯是人生之基对**孙云晓**说：全国师生若做好您倡导的小学生 10 个良好习惯，那忠诚就不在话下了。

孙云晓对良好习惯是人生之基说：谢谢。我们在《少年儿童研究》杂志上连续推出许多个好习惯，都在为诚信的推进打基础。

良好习惯是人生之基对**孙云晓**说：您能不能把那篇文章作为教育部文件下发到各校？

孙云晓对良好习惯是人生之基说：不适合这样强制来做，也没有必要，好的东西自会传播。1993 年我写的《夏令营中的较量》传遍全国，引发大讨论，靠的并不是长官意志。

良好习惯是人生之基对**孙云晓**说：我从网上下载了，又发给我们的学生。学生的父母都很感激我。

孙云晓对良好习惯是人生之基说：感谢您。大家一起努力才有希望。

素质教育正在成为应试教育的藏身之所

晃晃悠悠的鱼对**孙云晓**说：现在的保险很多，有“人寿保险”“财产保险”……那忠诚需不需要上一份保险？那它的保险又是什么呢？是能用金钱来衡量的吗？

孙云晓对晃晃悠悠的鱼说：忠诚是用信誉做保险的，甚至需要用生命来证明。

晃晃悠悠的鱼对**孙云晓**说：老师在您诗中所描绘的虚假现象，并说“这就是我们的世界”，难道现在的中国真是这样吗？怎样才能改变？

孙云晓对晃晃悠悠的鱼说：靠你靠我靠大家，诚信才会带来快乐。

晃晃悠悠的鱼对**孙云晓**说：老师，您在忠诚的道路上遇没遇见过绊脚石？是一帆风顺的吗？当您在遇到困难的时候是怎样坚持忠诚的？

孙云晓对晃晃悠悠的鱼说：当然遇到过。但我相信我的事业是有益于人类的，虽有曲折总会发展，不必灰心。

不想长大对**孙云晓**说：说句实话，我也教我的学生说过谎。不知道您是否知道，在许多基层的学校，除了语文和数学以外，其他的课都不是那么正常。在教育局检查前，我教他们说假话，不过是学校安排的，没想到从小受过“训练”的孩子比我老成多了。听他们齐声说出的假话，我真想找个地缝钻进去。

孙云晓对不想长大说：不要悲观。有时候用虚假对待虚假也是一种手段。

闻海鹰对**孙云晓**说：孙老师，您不能这么说。我们在以虚假对虚假，那孩子怎么办，做我们的对抗下的牺牲品？

孙云晓对闻海鹰说：在强大的虚假面前，个人有时很无奈，消极对待是可以理解的。酒肉穿肠过，佛祖心中留嘛。当然，敢于反抗是英雄。

闻海鹰对**孙云晓**说：我有一件高兴的事情，在我们学校父母会上我的讲话就是如何在日常生活中培养孩子好的行为习惯。有的学生在会后向我要讲稿，我真的很高兴。我不是为自己高兴，而是我终于知道父母对于自己的孩子的成长是能够认清方向的。

孙云晓对闻海鹰说：所见极是。

闻海鹰对**孙云晓**说：是的。真的很好。谢谢你，我引用了你文章中的好多东西。

不想长大对**孙云晓**说：有时我明明有点想法，可又要按领导的意思去做，比如今天是星期六，我觉得该让学生好好休息，可教导主任要我们补课，我就只有按他的意思做了。

孙云晓对不想长大说：不必过于自责，改变现实需要一个过程。

火之魂对**孙云晓**说：老师，忠诚是不是得靠人这一生去体验？

孙云晓对火之魂说：是的。20 岁、40 岁和 60 岁体会到的忠诚是不一样的。

希望对**孙云晓**说：现在大部分杂志，包括为儿童写的人物传记也一样大肆宣传某某科学家从小特别爱玩，后来同样当了科学家。今天孩子还对我说，比尔·盖茨从小不好好学习，照样当科学家。我不知道这些书的编辑是何用意，搞得我的同事都不知该不该让孩子读这样的书了。

孙云晓对希望说：传记的要害是真实。

希望对**孙云晓**说：我认为现在有许多书，为了挣钱，迎合所谓的素质教育，不惜让下一代懒惰。我想教育会不会又回到文化大革命时期的状况？

孙云晓对希望说：谁也回不到过去了。不过，需要警惕的是，素质教育正在成为应试教育的藏身之所和摇钱之树。

唤醒每个人内心沉睡的巨人

闻海鹰对**孙云晓**说：孙老师，现在有许多学校通过搞行为规范的日常检查来规范孩子的行为，制定了许多条例。孩子在校内因为怕扣分都做到了，可是出了校门就不行了。是不是这个检查的方法有问题呢？怎么样把这些外在的规则内化到孩子内心？

孙云晓对闻海鹰说：教育是一门科学，也是艺术。培养习惯不能只有行为训练，首先要认知和认同，要用孩子喜欢的方式来培养习惯，唤醒孩子心中的巨人才能成功。

萧萧对**孙云晓**说：忠诚对您来说是什么意思？

孙云晓对萧萧说：就是对自己的人生信仰及所爱的事业坚定不移。

萧萧对**孙云晓**说：那就是说……我也是忠诚的人！

不想长大对**孙云晓**说：我想我不算忠诚，因为对于我所从事的职业，我时常觉得不是很适合我。

孙云晓对不想长大说：成功在于选择，而选择不等于不忠诚。

无名对**孙云晓**说：请问孙老师，您自己是否忠诚？我没有别的意思，只想听您说句真话。

孙云晓对无名说：比较忠诚，但也有软弱和犯错误的时候，这要用一生来努力。

lydly对**孙云晓**说：如今中日学生再次"较量"，孙先生是否乐观？

红细胞对**孙云晓**说：对，那篇作品对我和我的同学的影响都很大（当时我读初一年级）。

lydly对**孙云晓**说：从现今学校教育来看，我没有信心。

孙云晓对lydly说：中日教育差距依然明显。国情复杂，历史悠久，能有今天的进步也应该欣慰。

希望对**孙云晓**说：那您说，我们做父母的，到底是让孩子像名人一样玩呢？还是像老祖宗说的那样刻苦呢？我越看当今为父母写的教育书，我越不知该怎样教育孩子了

孙云晓对希望说：孩子不能没有玩，也不能不刻苦。冰心告诉我，让孩子痛快游戏、专心学习。

希望对**孙云晓**说：我们这儿的许多对孩子负责的父母，虽然给孩子订了杂志，但是都不敢让孩子看，包括我。我们只是选择比较符合社会现实的一两篇让孩子看，还是坐在孩子身边监督着。

孙云晓对希望说：应该信任孩子，没有信任就没有教育。其实孩子是很了不起的，

我们主张向孩子学习，与孩子一起成长。

希望对**孙云晓**说：我单位也有一些父母订了《少年文艺》，但都因有早恋方面的文章，所以每次杂志来了都不拿回家。

孙云晓对希望说：孩子应该懂得爱，爱情正是中小学生缺乏的一门课。

无名对**孙云晓**说：我们作为教育者却无能为力，这是一种悲哀。这不就是社会的一种不忠诚吗？

孙云晓对无名说：低水平的教育者是教不了21世纪的孩子的。因此，我们要终身学习，与孩子一起成长。

（2002年1月聊天记录精选）

自信者胜，自卑者败

选择自己的优势做事容易自信

孙云晓对所有人说：各位网友晚上好，欢迎大家的光临。今晚我们讨论“自信”这个话题，这是一个人人关心的问题。

美英对**孙云晓**说：可是，孙老师，有的时候充满自信也会失败啊！

孙云晓对美英说：我接触过很多青少年朋友，对他们的成长感慨万千。有些人条件很好却自卑，结果失败了；有些人条件很差却自信，结果成功了。这就是今天我们要讨论的话题。

美英对**孙云晓**说：那您认为什么是自信啊？

孙云晓对美英说：自信是自知、自强，而不是盲目乐观。

美英对**孙云晓**说：您说的条件，是指什么条件呢？外在条件？

孙云晓对美英说：指一切有利于自己发展的条件或不利于自己发展的条件。

美英对**孙云晓**说：这个条件好复杂啊！

不想长大对**孙云晓**说：孙老师，谁都知道自信很重要。我上中学的时候曾经在日记上写过一句话，成功的秘诀就是自信。可我做不到，我就是个典型的不自信的人。我想好多人和我一样。

孙云晓对不想长大说：为什么呢？

不想长大对**孙云晓**说：我不知道为什么。也许是因为转学的原因，也许不是，我不知道为什么老觉得自己不行。

孙云晓对不想长大说：这是心理作用。每个人天天都面对选择，每天都得认识自己。

不想长大对**孙云晓**说：可能是吧。我还有个毛病就是总会自言自语，多数的时候是为自己要说的话打草稿，可到时候还是说不出来。

孙云晓对不想长大说：放松一些，不必苛求自己，相信没有过不去的火焰山、天生我材必有用。

不想长大对**孙云晓**说：我不知道为什么我会如此敏感，我常常因为一点小事心里发慌。比如爸爸妈妈只要发生一点不愉快我就觉得他们会离婚，甚至想他们离婚了我怎么办。其实并没有那么严重。

孙云晓对不想长大说：要想开一些。你就想天塌不了，每天的太阳都会升起来，命运在自己手里。

不想长大对**孙云晓**说：每当我胡思乱想的时候我也总告诫自己，要勇敢面对，可就是做不到，一点小事就会让我慌张得要命。

孙云晓对不想长大说：不必着急。从一点一滴做起，大树都是从小树苗长起来的。

建华对**孙云晓**说：孙老师晚上好！

孙云晓对建华说：欢迎你，你是自信的还是自卑的？大家看过我的自白或许会发现，我也是从自卑走向自信的。

建华对**孙云晓**说：我对自己的工作还是有信心的。

孙云晓：有信心的人离成功比较近，自卑的人离成功比较远。

建华对**孙云晓**说：我看您也是非常自信的。

孙云晓对建华说：是的。我很自信，因为我知道自己的优势，而且我选择了自己的优势来做事。

自信才能更好地发挥自己的潜能

孙云晓对所有人说：自信才能发挥出自己的潜能。这几天世界杯比赛竞争激烈，中国队苦战，也显出了锋芒，但韩国队、日本队似乎比中国队更自信，成绩也就更好一些。

风笛对**孙云晓**说：可中国队经验不足啊。

孙云晓对风笛说：经验不足是一个方面，更重要的是勇气，而勇气来自自信。

风笛对**孙云晓**说：孙老师，你的意思是不是只要有自信，就是成功了一半？

孙云晓对风笛说：是的。自信的人敢于尝试，敢于奋斗。尝试与奋斗就是成功的阶梯。

美英对**孙云晓**说：孙老师，我们如何才能使自己成为自知、自强的人呢？

孙云晓对美英说：第一，实事求是看问题，客观一些，坦然一些；第二，藐视困难，两军相逢勇者胜。

美英对**孙云晓**说：可是我觉得小树苗成长的过程太痛苦了，要经历很多风雨！

孙云晓对美英说：我曾经写过一本书，书名叫《痛苦——快乐之门》。我说，痛苦是一所学校，古今中外的许多杰出人物都是从这里毕业的。你说对吗？

美英对**孙云晓**说：可是，并不是每个人都能顺利毕业啊！

孙云晓对美英说：是的。所以我们要悟透人生，不要被自卑的海洋淹没，而要扬起自信的风帆，驶向成功的彼岸。

笑笑对**孙云晓**说：孙老师，你好！谢谢你！我刚刚找到你的《握手在十六岁》，我很希望能用好它。

孙云晓对笑笑说：是吗？我很惊讶，1992 年出版的一部长篇小说，今天还有很多少男少女在读它，而且我收到了几万封读者来信。

彬彬对**孙云晓**说:我觉着我的孩子缺乏自信,我该怎么办?

孙云晓对彬彬说:鼓励多一些,训斥少一些,孩子就会自信;成功的体验多一些,失败的体验少一些,孩子就会自强。

酸甜苦辣都是营养

建华对**孙云晓**说:孙老师,现在的学生有许多优点,但是不足也不少,顺利时信心十足,一遇有不顺心的事,就怨天尤人,或自暴自弃。

孙云晓对所有人说:自信心不是从天上掉下来的,而是在体验中积累起来的,磨炼出来的,感悟出来的。所以要多让孩子体验生活,酸甜苦辣都是营养。

甜心妹妹对**孙云晓**说:记得您上次说过没有规矩,不成方圆。那没有信心是否也是不成方圆?

孙云晓对甜心妹妹说:没有信心就没有一切,方圆就更找不着了。

笑笑对**孙云晓**说:老师,我们教育学生正直善良但实际上这些好像并不吃香。

孙云晓对笑笑说:正直善良没有错,但人生沧桑,需要一点硬功夫,而不能过于单纯,因为单纯有时候是脆弱的表现。

笑笑对**孙云晓**说:老师,在影响学生成长的诸要素当中,好像教师的作用最小,而家庭、社会的影响却相当大!

孙云晓对笑笑说:不一定。老师的影响是巨大的,关键看老师的魅力如何。

笑笑对**孙云晓**说:有时候,当老师的是昧着良心做人、教育学生做人,但却收效甚微,简直吃力不讨好。

孙云晓对笑笑说:其实没那么严重,生活中充满了希望,只要我们自信。

忧郁的小轩轩对**孙云晓**说:我总不能做到自信,怎么办呢?

孙云晓对忧郁的小轩轩说:每天早晨起来,你大喊三声:我是很棒的,我会成功的!

美英对**孙云晓**说:我就喊过"我是最棒的,我一定能行",可是这并没有增强我的自信心啊!

孙云晓对**美英**说:心诚则灵。

美英对**孙云晓**说:哈哈,心诚则灵,您说的是一种信念吧?

孙云晓对**美英**说:就是相信自己,相信人生,相信这个世界充满希望。

人是靠自己的优点活着的

逸彤对**孙云晓**说:孙老师好,很抱歉我来晚了。刚刚看到您和有的网友说要大喊自己是很棒的。这是不是掩耳盗铃、盲目自大?

孙云晓对**逸彤**说:我一直在想什么是教育。教育是唤醒,唤醒人们心中沉睡的巨人。巨人一旦醒来必定是成功者。

逸彤对**孙云晓**说:您认为对自己说"我能行"就是唤醒吗?

孙云晓对**逸彤**说:当然没那么简单,但每个人的潜能的确是巨大的,多数人都难以充分释放,因为自卑的墙太厚,就像厚厚的冰川需要强烈的阳光才可以融化。

甜心妹妹对**孙云晓**说:孙老师,您认为要获得自信,我们要多看自己的优点吗?

孙云晓对**甜心妹妹**说:一个人要看到自己的缺点,更要看到自己的优点,因为我们是靠优点生活的,优点可以拉动、改变缺点。

不想长大对**孙云晓**说:孙老师,您是怎样从自卑走向自信的呢?说出来让我们学习学习啊。

孙云晓对**不想长大**说:我的自信是因为我看到了自己的潜能,也感到了自己奋斗的意志。我读了大量的名人传记,我与我的偶像们在一起生活,天天热血沸腾,日日奋斗不止,这是我成功的基础。

笑笑对**孙云晓**说:与偶像为伍,天天自强不息,好像有点远离现实?

孙云晓对笑笑说：与偶像为伍就是与太阳为伍。因为我们弱小，才仰视偶像，但一旦有了自信，就可以与偶像一起飞翔。

笑笑对**孙云晓**说：偶像是我们的太阳，所以我们是不可能一起飞翔的！

孙云晓对笑笑说：契诃夫说，大狗叫，小狗也叫，各叫各的。干吗非得和别人叫得一样呢？伟人之所以伟大，是因为我们跪着。站起来吧！这是马克思的名言。

笑笑对**孙云晓**说：我们很多时候站不起来，算得上是“环境使然”，怎么办呢？

孙云晓对笑笑说：事在人为，天生我材必有用，不站起来岂不可惜？

一个人有梦想才有希望

美英对**孙云晓**说：一个人要获得自信是否需要梦想？

孙云晓对美英说：梦想是很需要的。一个人有梦想才有希望，才有幸福，人与动物的一个区别就是人有梦想。梦想是理想的姐妹。

美英对**孙云晓**说：梦想是我们实现成功的动力？

孙云晓对美英说：是的。梦想是我们飞翔的翅膀，梦想没了，人就成了爬行动物。

不想长大对**孙云晓**说：有时候我也觉得自己该自信，因为好多人都说我聪明。比如上次的考试我只看了不到十天的书而我的同事看了三个月，但我还是比她多考了五六十分。可我就是自信不起来，最大的障碍就是我太懒散，不努力。

孙云晓对不想长大说：聪明的人不一定自信，自信的人也可以懒散。累了的时候懒散是一种自我保护，只要不一辈子懒散就行。

不会有自信对**孙云晓**说：孙老师，我觉得我唯一自信的就是我不会有自信。

孙云晓对不会有自信说：这是表面现象。你能参加聊天就说明有自信。你还有更多的优点需要发现，发现得越多你越自信。

不会有自信对**孙云晓**说：这怎么是有自信的表现呢？我只有一个人的时候才敢说

话。我今年15岁了，长这么大，从来都不会相信自己能做些什么，连和父母说话都不敢。

孙云晓对不会有自信说：话少的人不一定不自信。你与我聊天就很正常嘛。相信父母很爱你，有想法可以与他们交流一下。多体验多尝试，慢慢就好了，用不着自卑。

不会有自信对**孙云晓**说：我就是怕自己撞得头破血流，才回避做一切事情。

孙云晓对不会有自信说：其实撞得头破血流是人生难得的体验。昨天我看韩国队跟美国队比赛，有一个队员就头破血流，真是英雄壮举，就像一尊雕像。一比一踢平美国，韩国队多么了不起。我去过韩国三次，佩服韩国人的自信、自强。

自知自强才能自信

zdly对**孙云晓**说：为什么我每次都像个查户口的，我也很讨厌自己。

孙云晓对zdly说：见面查户口是中国人的习惯，好奇心过重，要尊重别人隐私，见面请勿查户口。

不想长大对**孙云晓**说：我想一个自卑的人是不可能一下子自信起来的。您觉得要做到自信的第一步是什么呢？

孙云晓对不想长大说：第一步是发现自己的优点。每个人都有优点，没有优点我们就不可能来到这个世界上。

不想长大对**孙云晓**说：我还真没发现自己有什么优点。

孙云晓对不想长大说：请朋友去发现，我要见了你至少能发现五大优点。

不想长大对**孙云晓**说：我觉得我没有朋友。

孙云晓对不想长大说：关键是发现自己的潜能，坚信自己是天才。当然不是天天在想，而是天天在干，越干希望越大，头破血流，也没什么可怕的。

孙云晓对所有人说：我建议朋友们多看一点名人传记，其实他们都是普通人，都跌跌撞撞,甚至头破血流,之所以成功,不是比我们有才,而是比我们自信。自信是人生的内燃机,是成功的最大的秘密。

建华对孙云晓说:孙老师您多次提到看名人传记,您能推荐一下吗?

孙云晓对建华说:我喜欢看居里夫人的自传、索菲亚·罗兰的自述,最喜欢的是卢梭的《忏悔录》。总之一切伟人的传记都值得看,只要真实就行。

雾里的樱花对孙云晓说:请问你还记得我吗?

孙云晓对雾里的樱花说:雾里看花时隐时现。

雾里的樱花对孙云晓说:如果我不会游泳,可我要和会游泳的人比赛,我却相信自己能赢。这是自信吗?

孙云晓对雾里的樱花说:这不是自信,这是傻瓜。千万不要盲目比赛,你要和他比你会的东西。

雾里的樱花对孙云晓说:我觉得人生是一种游戏。玩这种游戏需要自信吗?

孙云晓对雾里的樱花说:说游戏也无妨。有机会最好看一看《勇敢者的游戏》那部电影。

雾里的樱花对孙云晓说:请问一下,怎样才算是自信呢?

孙云晓对雾里的樱花说:自知才能自信,自信才能自强,自知自强就是自信。

雾里的樱花对孙云晓说:为什么有些人的自信心很强?而有些人的自信心又很弱呢?

孙云晓对雾里的樱花说:成功的体验越多越自信,失败的体验越多越自卑。所以要勇敢去闯天下,不以成败论英雄。

zhangyinan 对孙云晓说:爸爸妈妈吵架,我该怎么办?

孙云晓对 zhangyinan 说:能劝则劝,不能劝则罢,你做你的事情就行了,雷声过去是平静。

自信的人拥有晴朗的天空

不会有自信对**孙云晓**说：您认为宁可撞得头破血流，也要去拼一拼，去树立自己的自信心？

孙云晓对不会有自信说：是的。当人年老的时候，回想起年轻时候的头破血流，那很可能是一段骄傲的历史。

不会有自信对**孙云晓**说：要是一下撞死了怎么办啊？

孙云晓对不会有自信说：人的生命有巨大的潜能，头破血流不等于死亡，而可能迎来生命的辉煌。

zdy对**孙云晓**说：我们能谈点成人的话题吗？如家庭、婚姻、爱情？

孙云晓对zdy说：当然可以，家庭、婚姻、爱情都离不开自信。

zdy对**孙云晓**说：我总是喜欢捣蛋，让你头疼了吧？

孙云晓对zdy说：话题如鸟儿，在枝头上跳来跳去，有什么可头疼的？

笑笑对**孙云晓**说：当我们真诚地对待学生时，却被笑话为“21世纪的救世主”。您能说说这是为什么吗？

孙云晓对笑笑说：林子大了什么鸟都有。你不必在意，走自己的路。

笑笑对**孙云晓**说：你能说说当前我们这年青一代的素质里边最缺少的是什么吗？当务之急应该怎么办？

孙云晓对笑笑说：最缺少的是责任感和独立性。当务之急是不依赖父母，学会独立。

美英对**孙云晓**说：孙老师，失败的体验是否也是一种财富呢？这种体验是否会成为自信心的又一种财富积累呢？

孙云晓对美英说：说得好极了。失败也是人生的财富，所以出了一门失败学。问题是要让孩子在失败中吸取智慧，而不是绝望。

空无一物的麻袋是站不直的

美英对**孙云晓**说：我们每个人光有自信还不够，一定要有扎实的本领，要不断充实自己，这样自己就会越来越自信。谢谢您的指导！

孙云晓对美英说：是的。富兰克林说得好，空无一物的麻袋是站不直的。让我们充实自己吧！

美英对**孙云晓**说：我明白了，自信是自身（知识）财富的积累，是对自己的肯定，是促使我们个人成功的催化剂！

笑笑对**孙云晓**说：人真能做到不以成败论英雄吗？要老是不成功，还会是英雄吗？

孙云晓对笑笑说：如果你是猫，一辈子抓不到老鼠，当然不是英雄，但几次抓不着算不了什么。

笑笑对**孙云晓**说：我一直想好好捉“我的老鼠”，也没想当什么英雄，可是我至今还没能捉到什么东西。

孙云晓对笑笑说：注意，“老鼠”就在你脚下，还有一只在身后。

小藜对**孙云晓**说：孙老师，怎样才能重建一个人的自信呢？

孙云晓对小藜说：重建自信需要重新认识自己，开始新的生活，确立新的生活态度。

小藜对**孙云晓**说：我有一个好朋友，他因为外表而自卑。可是，其实也没什么可自卑的啊，你说我该怎么帮他呢？

孙云晓对小藜说：你帮他发现他的美就是对他最大的帮助。

雾里的樱花对**孙云晓**说：逞强和自信有联系吗？勇敢就是自信吗？

孙云晓对雾里的樱花说：失败会教训他的。狼追在你后面你能不跑吗？

雾里的樱花对**孙云晓**说：自信是生活的基本吗？

孙云晓对雾里的樱花说：自信的人每一天都是快乐的，他的天空总是晴朗的；自卑的人每天都是压抑的，他的天空总是阴沉的。心情就是天空。

有自由才会有成长

读程玮的书是一种享受，享受她的自然与幽默，这是我多年前的感觉。因此，当分别近20年后读到她的新书《风中私语》时，我感到特别兴奋，因为我急于看到这位儿童文学作家怎么谈教育，尤其是在她旅德15年又与儿子一起长大之后。

在我看来，就儿童教育而言，德国的经验是特别值得借鉴的，可惜，中国对德国教育的状况介绍极少，似乎成了言必称美国的态势。《风中私语》的第一辑《渐行渐远的孩子》就是专门谈中德教育比较的，加上程玮愈加成熟的自然与幽默的叙述风格，引起了我的浓厚兴趣。

据程玮介绍，德国有一个传统，即一个人在过了18岁生日以后，要独自出门旅行一次。要争取用最少的钱走最多的地方，并且在外面尽可能待很长的时间，以便认识世界，体验人生，学会独自生存的本领。有句话把这样的旅行概括得很形象：出门时是个孩子，回来就是成人了。这是人生的第一次冒险。多少年以后，每个德国成年人都会以一种自豪的心情向自己的女朋友、向自己的孩子讲述第一次独自旅行的故事，花了如何少的钱，走了如何多的路，受到了什么人的帮助，受了什么人的欺骗。这是可以一生一世讲述的故事。这也可以是在家族里世代相传的故事。如果一个孩子出门没几天就往回走，这将成为他和他父母终身的耻辱。

看到这里，我估计许多中国的父母都会生出一些感慨，因为我们一般都不忍心或干脆说不敢这样做，甭说18岁就是28岁也不太可能这样做，所以，中国盛行“啃老族”，盛产“30岁的儿童”。实际上，如我在写中日少年《夏令营中的较量》时表达的一个想法，绝不是中国的孩子不行，而是中国的教育有问题。

那么，作为一个爱心满满的母亲，程玮又是怎么做的呢？她坦率地说：

“转眼到了我的儿子徐果第一次单独出去旅行的时候。我按常规给了他很少的钱。我没有过问他的旅游线路，我只有一个愿望就是他千万不要因为没有钱而中途返回。临到他出门时，我忍不住说，你真需要钱时，就用卡取吧，不要太节约。话刚说完，我心里就后悔得要死。原来我不由自主又堕落到了中国家庭妇女的境地。不要太节约，难道要让他当败家子才舒坦？爱孩子的最高境界，是一到孩子成人，就把那爱深深地藏起来。因为你面对的是一个成年人，他要走向世界，他会经受困苦，他会经受磨难，他还要养家糊口，那是他自己的生活。如果你注定不能守护他一辈子，那最好的办法就是尽早放手。”

这就是成长中的中国母亲的典型心态，一个行走在东西方之间的教育困惑。程玮的描述让我想起了文学大师托尔斯泰的话——“教育孩子的实质是改变自己”，对于今天的父母来说，这句话实在是值得回味再三。

就在我读《风中私语》期间，有一次偶尔碰到了某电视台的一位著名女主持人。她一见我就大叫：“我一定要咨询你了，我儿子问题成堆，让我不知所措。”她说她儿子问题成堆，并且还挺色，说要买个新娘睡觉等等。我问她儿子多大？她说三岁。我说，三岁的孩子没有道德问题，他要的是个玩具，父母不要用成年人的思维揣度孩子。由此想到，面对孩子稀奇古怪的问题时如何与之恰当而轻松地交谈，是做好父母不可或缺的基本功。

关于如何与孩子交谈，请看程玮与儿子的一段对话：

儿子6岁的时候对我说，妈妈，我长大了要跟你结婚。

我知道他们的老师正在给他们进行家庭概念的教育。但我心里还是充满了感动。我说，儿子，这不可能。因为等你长大了，我就是个老太太了。

他说，那没关系，你长得慢一点，我会长得快一点。

我说，在这个世界上的一个地方，有一个女孩子，她正在和你一起长大。到了有一天，你会碰上她。你很喜欢她，她也很喜欢你。你们俩人都想天天在一起玩。这个女孩子，她才是你应该跟她结婚的人。

他问，她知道我在这里住吗？我们什么时候会见面呢？

我说，她不知道，我不知道，你也不知道。我把手指向天空，说，只有一个人知道。他会让你和她走到一起。

这个人在东方被叫做月老，或者是缘分。在西方被称为丘比特，或者是爱神。这是一个我们都应该对他心怀感激和敬畏，并且无条件服从的人物。

我把儿子搂在怀里，说，如果有一天你遇到了这个女孩子，请你一定说给妈妈听，带给妈妈看，妈妈会为你高兴。你记住，凡是你喜欢的女孩子，妈妈也一定会喜欢。

儿子回答说，妈妈，我知道了。

程玮与儿子的对话为什么值得推荐？因为它是符合六岁孩子身心发展水平的，是充满母子亲情而又轻松自然的。这让人不由地想起大诗人杜甫的名句：好雨知时节，当春乃发生。随风潜入夜，润物细无声。好的谈话效果正是如此。

在程玮的书里，诗情画意犹如秋天的果园，真知灼见则像涓涓的溪流。她回忆起儿子徐果在小学里学唱的第一首歌。她写道：

他那时候还很小，拿了一张歌谱在那里来来回回地哼哼，却让我听得思绪万千。记得我刚学德语时，老师也教我们学唱这首歌《思想是自由的》。为解释这首歌，用了一堂课的时间。这是一首德国19世纪的民歌，可以说是德国人都会唱，它在德国比贝多芬的《欢乐颂》还要普及。歌词说：思想是自由的，没有谁能够阻止。它们就像夜空里漂浮过的阴影，没有人能看见，也没有人能够追踪……

我过去和他一起练，一直练到他背出歌词为止。我问他，老师跟你们解释歌的意思了吗？他很奇怪地看看我说，为什么要解释，我句句都懂啊。我想，这确实是一个简单的道理，确实不需要解释。可是每次我听这首歌时，为什么总是有一种无法形容的感慨和感动呢？我很高兴他学的第一首歌不是《我在马路边捡到一分钱》。我相信那也是一首好儿歌，但我到现在还没有搞明白，这首歌到底想跟孩子说什么。是让孩子们不抬头看马路上的车辆，一心一意去捡钱，还是在民警叔叔处理突发事件时，死活都要去把捡到的鸡毛蒜皮交给人家？我长这么大还从来没有在马路边捡到过一分钱，就是捡到了我也决不小题大做去交给警察。我觉得除了这种道貌岸然的道德说教外，还有更重要的道理要教给白纸一样单纯的孩子。

《我在马路边捡到一分钱》是当代中国广为流行的一首儿童歌曲，人们似乎只是对天真童年会心一笑而并未产生什么疑义，程玮却在中德教育比较中提出了一个发人深省的问题。其实，德国人给人的第一印象就是严谨或刻板，他们教育孩子自然也是具体细致的，比如不闯红灯、做事有计划等，但他们更重视给孩子自由，因为有自由才有成长，有成长才有创新。中国的儿童教育有自己的传统和优势，可是的确存在一些明显的弱点，如过于强调社会本位而忽视儿童本位，过于强调“听话”而抑制个性，过于强调遵守规范而较少给予自由的鼓励，其结果必然造成孩子成长的致命伤。

儿童的自由需要宽松的成长环境。与中国父母望子成龙的急切心态不同，德国人衡量一个人成功的标准很简单。德国人说，一个成功的男人一生应该做到三件事：生一个儿子、一座房子、种一棵树。程玮把它理解为一个男人一生中要为自己做一件事：生一个儿子，把他的生命延续下去。为家庭做一件事：建一座房子，让妻子儿女有个遮风避雨的港湾。为世界做一件事：种一棵树，给地球留下一片绿荫。

程玮说，日耳曼民族是个非常务实的民族，把男人的成功定义得这么清楚，这么具体，反倒让他们的父母有了充分选择的余地。他们不会逼孩子悬梁刺股地去念书，也不会砸锅卖铁，牺牲自己的一切供孩子去上大学。他们实实在在，因人而异，量力而行，不强迫自己，更不强迫孩子。我们中国人为什么一定要把成功的标尺定得那么高呢，这实在让父母和孩子都苦不堪言。

当江苏少年儿童出版社的编辑请我为《风中私语》写一段话时，我写道："程玮是一流的儿童文学作家，也是一位现代的母亲，《风中私语》是她旅德15年的童话。我相信她的眼睛和善良，相信本书可以让中国孩子看到另一个美好的世界，可以让中国父母感悟到教育的真谛。"这是我的心里话。我们大都对德国产品的质量抱有信任感，毫无疑问，产品的质量取决于人才，而人才取决于教育。

孝心是一片河流,爱心是一片海洋

孝心是爱心的启蒙

孙云晓对所有人说:各位网友晚上好!今天是2003年的第一次聊天,先祝大家新年好!今晚我们讨论“孝心与爱心”,因为我突然觉得一个人有没有孝心是件很重要的事。大家认为呢?每个人都会老,而晚年往往是痛苦的。如果孩子没有孝心,老人会悲伤欲绝。

美英对**孙云晓**说:孙老师新年好!麻烦您和我们谈谈孝心与爱心的关系吧。孝心是爱心的一部分吗?

孙云晓对美英说:人的经历和感情都是由近及远的,所以爱祖国要从爱家乡做起,爱人民要从爱父母做起。

美英对**孙云晓**说:您说的范围很大。您能不能举个具体的例子和我们聊聊呢?

孙云晓对美英说:爱,总是从爱开始的。父母爱你才使你懂得了爱,那就要回报他们。如果不回报父母的爱,就是很大的缺憾。因为,这是忘恩负义,为天下所不齿。

Zzw对**孙云晓**说:我认为爱心比孝心广。

孙云晓对Zzw说:是的。孝心是一条河流,爱心是一片海洋。

李逍遥对**孙云晓**说:那怎样才会有孝心呢?

孙云晓对李逍遥说:人一天天长大,一天比一天懂事,就要一天比一天更孝敬父母。

李逍遥对**孙云晓**说:人如果有孝心没爱心怎么办?

孙云晓对李逍遥说：有孝心就是好人，有孝心就有希望，孝心是爱心的基础。

不想长大对**孙云晓**说：我觉得有爱心的人不一定有孝心。

孙云晓对不想长大说：是吗？我觉得没有孝心就不会有爱心，连为你付出最多的人你都不爱，怎么算得上是爱心呢？

不想长大对**孙云晓**说：可是很多不孝顺的儿女很爱自己的孩子。这不叫爱心吗？

孙云晓对不想长大说：那不是纯正的爱，是自私的爱。爱，应该是彻底的，爱一切人，但首先从爱父母做起。这比爱孩子还重要。

不想长大对**孙云晓**说：那么爱心是天生的吗？

孙云晓对不想长大说：不是。也许可以说爱心是从孝心发源而来的。

小咕噜对不想长大说：爱心当然不是天生的。

不想长大对小咕噜说：我总觉得是，但会被环境影响。

小咕噜对不想长大说：我想环境因素还是很重要的。

孙云晓对不想长大说：中国人批判孔孟之道把孝心也否定了，这是一个误区，因为孝心对一个人形成爱心至关重要。

zzw对**孙云晓**：孝心是建立在爱心的基础上。

孙云晓对zzw说：可以这样说，但孝心是爱心的启蒙和开端。

zzw对**孙云晓**：我认为有孝心就一定有爱心，从潜意识开始。

孙云晓对zzw说：是的。人小的时候不懂事，从孝敬父母开始会使他明白许多道理，这是最容易做到的事情。

小咕噜对**孙云晓**：那爱心、孝心哪个更为重要呢？

孙云晓对小咕噜说：这本是一回事。有孝心就会有爱心，两者都是重要的。比较而言，孝心第一。

小咕噜对**孙云晓**：那孝心从何而来？

孙云晓对小咕噜说:首先,能感受父母的爱;其次,能理解父母的爱;再次能回报父母的爱。常存感激之心是爱心之源。

美英对**孙云晓**:孙老师,“孝心”是只对父母而言的吗?

孙云晓对美英说:首先是对父母,也包括对祖辈。总之,是对长辈知恩图报。滴水之恩当涌泉相报才是成人之道。

小叶当对**孙云晓**说:怎样才有爱心呢?

孙云晓对小叶当说:珍惜所有的爱,品味所有的情。

小叶当对**孙云晓**说:你有爱吗?

孙云晓对小叶当说:实际上,我们每个人都生活在爱当中,没有爱我们一天都活不下去。无数人的劳动维持了我们每一天的生活,我们怎么能不心存感激呢?

小叶当对**孙云晓**说:我在平时生活中怎样得到别人的爱呢?

孙云晓对小叶当说:事在人为。当自己幸福的时候,更不能给父母带来痛苦。

小叶当对**孙云晓**说:那么怎样去爱别人呢?

孙云晓对小叶当说:古人说,老吾老以及人之老,幼吾幼以及人之幼。就是说像对待自己的老人一样对待别人的老人,像对待自己的孩子一样对待别人的孩子。

小叶当对**孙云晓**说:我可以爱女人吗?

孙云晓对小叶当说:当然。男女之爱,是人类之爱的重要方面,相爱是每个人的权利。

zzw对**孙云晓**说:孙老师,你在昆明讲课结束时去休息,但我爸爸把我打哭了,降低了我的积极性。你说这样会不会影响孝心?

孙云晓对zzw说:爸爸也会犯错误,孩子也可以批评大人,但是,父母的爱是不能忘记的。对吗?

zzw对**孙云晓**说:我想是的。我认为人要学会去感谢,去爱。

孙云晓对 zzw 说：是的。常存感激之心，也是爱心之源。

铃铛对**孙云晓**说：那么母亲老说我笨，有时还打我，您说我长大之后会很孝顺她吗？

孙云晓对铃铛说：当然。一代总比一代强，父母的缺点我们难以忘记，父母的优点我们更应当记住。许多优秀的中国人正是这样做的。

不想长大对小咕噜说：2000 年的 5 月，我到一所小学实习。记得去的那天正好是星期一。我去向指导老师报到时，她遗憾地告诉我，就在前一天班里有个女孩溺水而死，可当指导老师带我进班时，我从同学们的脸上看不到半点的悲伤。我看到那个空了的座位和那女孩没来得及订正的错字，真的很茫然。

小咕噜对不想长大说：这的确是令人悲伤的事情。

李树生对**孙云晓**说：尊敬的孙老师，您好，我可以问你一个与今天主题关系不大而你又很有研究的问题吗？这个问题困扰我很久了。

孙云晓对李树生说：欢迎提问。

李树生对**孙云晓**说：您最近在广州的讲座，令我收获丰富。的确如此，教育是唤醒人，但是，怎样唤醒那些沉睡的狮子？是否有具体的办法？谢谢。

孙云晓对李树生说：首先是了解，了解父母或他人为自己的付出。如"不想长大"所说的，一个人千万不能麻木不仁。

李树生对**孙云晓**说：我面对 100 多名学生，要做到对人人了解清楚，是不可能的。我一直在思考如何唤醒他们，但是，却苦于没有好的办法，所以，等了半个月，等到今天聊天的时间，向您请教，谢谢。

孙云晓对李树生说：我建议让孩子去访问父母，了解一下自己出生以来的故事，一定会有感动他们的事情。

李树生对**孙云晓**说：我经常对学生说，如果一个人连父母都不孝敬，那么就猪狗不如。你要活得算是个人，就首先要尊敬父母。

孙云晓对李树生说：说得好。

小叮当对**孙云晓**说：我应该怎样报答父母？

孙云晓对小叮当说：忧父母之忧，乐父母之乐，从身边的一件件小事做起。这就是孝敬。

小叮当对**孙云晓**说：父母的恩情，你相信来世可以报答吗？

孙云晓对小叮当说：不相信。今世不报答，后世是胡说。

小叮当对**孙云晓**说：我们的爱心又是怎样得来的呢？

孙云晓对小叮当说：因为我们被感动了，产生了回报的冲动，这就是爱心。容易被感动的人，与爱心最近。

对父母不孝的人是一个孤独的人

野丫头对**孙云晓**说：你好！我是第一次和你聊天，心情很激动。

孙云晓对野丫头说：欢迎你！

野丫头对**孙云晓**说：我个人认为，每个人既要有孝心也要有爱心。

孙云晓对野丫头说：是的。一个人对父母没有孝心，就不是一个真正的人，就是一个真正的“孤儿”。

野丫头对**孙云晓**说：是呀！每次看见电视里的人(尤其是大人)对他们母亲那样不好，我心里就恨他们。

孙云晓对野丫头说：太对了。对不住父母就是对不住天下的人。

野丫头对**孙云晓**说：母亲把我们养这么大，我们没理由不去孝敬他们。

孙云晓对野丫头说：说得对。你知道是什么原因吗？

野丫头对**孙云晓**说：还请孙老师讲解。

孙云晓对野丫头说:因为他们的心生锈了、结冰了。

野丫头对**孙云晓**说:是呀!父母为了我们这么劳累。每次看见父母辛辛苦苦工作后回到家,我看见了很是心疼呀!所以我对父母很孝敬。

孙云晓对野丫头说:为你高兴。我主张,大家交朋友的一个原则就是对父母有孝心。工作后第一次领工资务必要给父母买礼物。

野丫头对**孙云晓**说:哎!是呀!

孙云晓对野丫头说:心疼,就是爱心的反映。

野丫头对**孙云晓**说:我们班有个学生,妈妈爸爸离婚了,他和奶奶爷爷住在一起。他对他奶奶爷爷很不孝顺,还骂他们。

孙云晓对野丫头说:他可能不了解爷爷奶奶,也可能心里有气,但不孝敬父母将成为终身遗憾。

野丫头对**孙云晓**说:恩。我想您一定是个对父母很孝顺的好儿子吧。

孙云晓对野丫头说:比较孝顺。但常怀愧疚之心。因为我在天涯,远离父母,而他们从无怨言,我尽可能常回家看看,安排好他们的生活。

野丫头对**孙云晓**说:原来如此。那你对孝顺是如何理解的呢?

孙云晓对野丫头说:做一个让父母放心的孩子,做一个让父母骄傲的孩子。

野丫头对**孙云晓**说:做一个让父母骄傲的孩子?哎,这点我就没做到,我很惭愧。

孙云晓对野丫头说:要充满自信。你的任何成绩都会让父母骄傲的。

野丫头对**孙云晓**说:我很喜欢和父母犟嘴,已经成为习惯了,很想改可改不过来。

孙云晓对野丫头说:不会的。坏习惯用减法能改正;好习惯用加法能养成。

野丫头对**孙云晓**说:我很讨厌数学,所以我的数学成绩很不好。

孙云晓对野丫头说:没关系。我的数学也很糟糕,扬长避短是智者的选择。

依柳对**孙云晓**说:请问您对孝顺有何见解?

孙云晓对依柳说:要孝敬而不是孝顺。父母对则顺,父母不对则不顺,但要学会讲道理。

依柳对**孙云晓**说:我时常对父母的劝说感到厌烦,有时也会顶撞父母。我也知道这不对,想改正,可是总是改不了,您能帮我出出主意吗?

孙云晓对依柳说:青春期里,烦恼如歌。顶撞归顶撞,孝敬归孝敬,这是两回事。

依柳对**孙云晓**:青春期是一个叛逆期吗?

孙云晓对依柳说:是的。青春期是惊涛骇浪的叛逆之旅,但如果有孝心就不会迷失方向。

依柳对**孙云晓**:谢谢。我想以后我能处理好和父母之间的矛盾了。

孝心是一个试金石

zzw 对**孙云晓**说:能让孙冉姐姐一起聊吗?

孙云晓对 zzw 说:她正在从上海回北京的火车上。她长大了,有自己的安排。

zzw 对**孙云晓**:我才 13 岁,人人都说我太老成。怎么办?

孙云晓对 zzw 说:自由自在,不必介意,也不要过于约束自己。

zzw 对**孙云晓**:我不大认为成绩好就是孝顺。

孙云晓对 zzw 说:同意。成绩好,不一定孝顺;成绩不好,也不一定不孝顺。关键看动机。

zzw 对**孙云晓**说:我认为儿童的孝心取决于他所在的环境。

孙云晓对 zzw 说:有道理。近朱者赤,近墨者黑。

依柳对**孙云晓**说:我现在不太明白到底怎样做才能做到有孝心呢?

孙云晓对依柳说:要时时知道父母的难处和需要,并尽可能给予体谅和帮助。

依柳对**孙云晓**说:也许是年龄的关系吧,13 岁、14 岁的时候很不喜欢和父母接近,也有好多事情不想和他们说,总怕他们会不理解,怎么办呢?

孙云晓对依柳说:这也正常。10岁—20岁是对父母轻视的年龄,反叛的年龄,但是,心里要有一根弦:人不能不孝。

依柳对**孙云晓**说:当然。那如果有些话不想和他们说算是不孝吗?

孙云晓对依柳说:未必。对父母有秘密的孩子,不等于没有孝心。

依柳对**孙云晓**说:如果我做了他们不希望我做的事情。我该怎么办?

孙云晓对依柳说:以柔克刚。有孝心的人当然也可以有主见,但应该耐心听取父母的意见。

不想长大对**孙云晓**说:您觉得独生子女在爱心和孝心方面如何?

孙云晓对不想长大说:有很大的问题。因为很多独生子女没有学会孝敬父母,对爱的要求很贪婪,付出却很吝啬。

闻海鹰对**孙云晓**说:孝心与爱心?我已经好久没去妈妈家了,都是妈妈来我家,想想真是……妈妈还老说,你忙,不要惦记家里。

孙云晓对闻海鹰说:常回家看看,就是孝心一片。孝心是人生的支柱之一。

闻海鹰对**孙云晓**说:是啊。我也知道,可是好像总是没时间。

Zzw对**孙云晓**说:我认为孩子早恋父母不应反对,应正面引导和支持。

孙云晓对Zzw说:对早恋应该理解和引导。

Zzw对**孙云晓**说:我认为早恋能加深对爱心的理解。

孙云晓对Zzw说:孝心,是一个试金石,可以试出每一个人的爱心。我建议年轻人谈恋爱的时候把有无孝心当作一把尺子。老百姓说得对,连他妈都不爱的人还会爱你吗?

Zzw对**孙云晓**说:我小时候大人们以开玩笑的方式给我配偶,我们用大人的话称呼对方父母,导致现在我和她关系不是太好。怎么办?这个问题一直困扰至今,哎……

孙云晓对 zzw 说：一笑置之为上策。

依柳对**孙云晓**说：可是友情和爱情是不一样的啊。

孙云晓对依柳说：是不一样。但也不能用爱情破坏亲情。因为，真正的爱情是一切亲情的促进剂。

（2003 年 1 月聊天记录精选）

第二章

|警惕病态人格危害孩子健康成长|

没有爱就没有世界

只因同伴说他作弊，他就动了杀机

孙云晓对所有人说：今晚我想和大家讨论马加爵杀人案的启示。朋友们知道马加爵吗？2004 年 2 月 23 日，云南某大学发生凶杀案，警方在宿舍柜子中发现 4 具尸体，有重大作案嫌疑的马加爵潜逃。3 月 1 日公安部发布 A 级通缉令，通缉在逃犯罪嫌疑人马加爵。3 月 15 日马加爵在海南三亚落网。

夏对**孙云晓**说：这是一个挺有意义的话题。马加爵事件是一个悲剧。可这幕悲剧的原因在哪里呢？

孙云晓对夏说：马加爵曾是广西南宁高考总分第二名的考生。我想悲剧在于他虽然成绩优异但人格扭曲，是心理阴暗而缺乏良好教育的结果。这次事件给全国的父母和教师乃至整个社会敲响了警钟！我曾经反复说过：教育的核心不是传授知识而是培养健康人格。忽略了这一点，悲剧就将层出不穷。

谢百云对**孙云晓**说：孙老师，您好！我对这个事件关注并不多，但我有比较粗浅的看法，想与您探讨。

孙云晓对谢百云说：非常欢迎你发表意见。

好好对**孙云晓**说：他为什么要杀同学呢？

孙云晓对好好说：据报道，警方在他的电脑里发现存储着有关暴力、凶杀的影片和野外生存知识的资料。马加爵交代，他杀害的 4 个同学平时与他的关系很好。他杀人是因为在一次打牌中，同伴说他作弊，而他没有作弊，就与同伴吵起来。这说明他是一个心理严重扭曲的青年！

谢百云对**孙云晓**说：从现在的教育体制来看，我们中国教育的问题很多。我不想先评论马加爵，但我想谈谈当今教育问题。首先是乱收费，特别是重点初中，农村的孩子读点书真是难，这与义务教育很不相称；第二是学校素质教育有问题，名义上是素质教育，实质上还是以分数作为衡量学生的重要依据。孩子的个性、品德、学习习惯和生活习惯缺乏应有的引导，所以老师只能在指挥棒下拼命抓所谓的质量，实际上就是每天都做练习，三天两头考，最后把学生也考麻木了。

孙云晓对**谢百云**说：是的。只抓升学考试而忽略人格培养是悲剧之源。我可以断言：在相当长一段时间里，类似的悲剧将连续发生。

夏对**孙云晓**说：现今学校的学生中真的是少有心理健康的，倒是学习成绩差点的人还好一点。

孙云晓对**夏**说：是的。

夏对**孙云晓**说：有多少人真正懂得培养健康人格的重要性呢，只要灾难还没有直接降临到头上，人们是不会觉得的。

孙云晓对**夏**说：血的教训还不能唤醒沉睡的人吗？

成年人对学生人格发展影响巨大

等待对**孙云晓**说：马加爵案再次提醒我们，大中小学学生的心理健康问题不容忽视，必须提到教育的议事日程上来。我觉得心理健康教育应该贯穿学生成长的全过程。

孙云晓对**等待**说：你说得非常有道理。

不想长大对**孙云晓**说：我想马加爵事件无疑是教育失败的体现，可是造成他心理问题的原因是什么呢？

孙云晓对不想长大说:中国的父母有句名言:只要你把学习搞好了,别的什么都不用你管。这就是悲剧的家庭原因。

谢百云对孙云晓说:另外,教师的心理问题并没有人来关注。现在有好多职业技术学校的老师就亲口跟我说,说做他们学校的老师真是没有一点意思,学生不听老师讲课,甚至还在课堂上说一些不合适的话,如果一个班级只有几个是看老师面子听课的,那你说这个班级还怎么管理,还有成就感吗?这位老师说:"还好,自己家人很和睦,如果不是家里那么美满,说实话做人一点意义都没有。"有些老师甚至想自杀算了。从老师的话里不难看出老师的压力和心理障碍,也看出职业技术学校学生的素质。还有就是现在做老师的文化生活很贫乏,每天就是在一本书里翻来翻去,因为考试的内容还是很有限,老师也不得不这么做,所以做老师越做越落后,尽管经常进行继续培训,其实培训的老师素质比我们学生还低,这有效果吗?

孙云晓对谢百云说:你的分析很有道理,教师与父母的心理是否健康对学生的人格发展影响巨大!

谢百云对孙云晓说:马加爵事件告诉我们,老师平时应该多关心学生的心理,多给学生平等参与的机会,特别是学科老师要关心学生学课堂以外的东西。比如如何做人,如何做事,如何处理人际关系等。孙老师,你看我们现在的素质教育问题越来越多了,喊得最响的往往就是最薄弱的。您看呢?

孙云晓对谢百云说:值得庆幸的是教育的改革力度越来越大,新课程改革会给很多学生带来希望。当然,改革也是很复杂的。

谢百云对孙云晓说:是的。新课程的确给我们的教育注入了活力,但在我国教育发展还不是很均衡的今天,新课程实施起来举步维艰,特别是老师的素质跟不上,社会也没有发展到这种程度。

孙云晓对谢百云说:是的。新课程改革是对中国教育现状的一个极大的冲击,成败尚难预料。

夏对**孙云晓**说：其实这不光是教育的问题，也是整个社会一种人文精神的缺失，以及是历史和现实双重挤压的映照。教训太惨重了，其实马加爵也是受害者。

孙云晓对夏说：说得太好了！青少年的成长是全社会的责任，可我们的社会到处存在失职的现象，这是一个巨大的误区。

魏兆蓉对**孙云晓**说：孙老师您好，怎样才能够使学生养成健全的人格呢？

孙云晓对魏兆蓉说：教育的核心是学会做人，要尊重每一个孩子，让每一个孩子都怀着希望去生活，让他们学会珍爱自己，也珍爱他人。

没有爱就没有世界

夏对**孙云晓**说：我能感受一个自卑的人的孤独无奈。如果学校里的老师能多关心一下这些贫困生，不因为他的外貌长得不好看就孤立他，多进行一些沟通，今天的悲剧也不会发生。一个年轻的生命，带着对社会的不满就此谢幕！令人痛惜！

孙云晓对夏说：也许一个小小的关心的举动就会让他改变邪恶的念头。一念之差常常是青少年犯罪的显著特征。

夏对**孙云晓**说：马加爵是一个悲剧的化身，根深蒂固的自卑让他在年幼时发奋读书，用优异的成绩证明自己。但是可惜这种证明在其成人以后改变了方向，暴力变成他向所有人证明自己的方式。最后他留在所有人心里的也不过是一个感叹号和一串省略号罢了。

孙云晓对夏说：是这样的。我小时候也有过这样的感受，但是得到的爱很多，就对这个世界越来越宽容，甚至欣赏。所以教育的秘诀是真爱。冰心说得好：没有爱就没有世界。

夏对**孙云晓**说：我认为他有更深层次的杀人动机：首先他是贫困生，毕业后要还贷款；第二，现在找工作很难，尤其是没有关系的农民子女，何况他学的专业就业面较窄；第三，从今年开始读研究生也要交学费了，即使他考上了，还能读得起吗？第四，他杀的全是与他同样情况的贫困生；第五，他曾要求接受《南方周末》记者的采访，为什么是《南方周末》？因为这家报社最敢于报道和揭露社会阴暗面！综上所述，他杀人的动机有更深层次的社会原因！

孙云晓对夏说：并不是所有的贫困生都会杀人，还是人格的发展起决定作用。古今中外概莫能外。

夏对**孙云晓**说：我觉得这些都不是教育所能解决的，这是社会的问题。

孙云晓对夏说：社会是由每个人组成的，我们都有一份责任。如果我们对周围的人好一些，也许就会在无形之中避免了某些悲剧。

脑筋对**孙云晓**说：前事不忘，后事之师！

孙云晓对脑筋说：是的。从徐力杀母案到马加爵杀同学案，这期间不知死了多少人。

脑筋对**孙云晓**说：学习成绩好仅仅是人格三角形的一个角，但教育就用这一把尺子去衡量，我们怎么办？

孙云晓对脑筋说：那就改变教育！

脑筋对**孙云晓**说：改变教育，话好讲，事难办。

魏兆蓉对**孙云晓**说：还有，当今社会是一个多元化的社会，怎么才能给孩子一个统一的人格、价值标准呢？

孙云晓对魏兆蓉说：人格不可能是统一的，应当尊重差异，最起码的是尊重生命。据说有位教授说做人的底线是不杀人。我认为很有道理。

等待对**孙云晓**说：是啊。人无论在什么情况下都应该守住自己的道德底线。

魏兆蓉对**孙云晓**说：还有，暴躁的父母对孩子产生的负面影响很大，但有时不是告诉他们不要对孩子发脾气，他们就不发脾气的。这怎么办？

孙云晓对魏兆蓉说：在欧美国家，是用法律来制约的，打骂孩子的父母是要坐牢的。

魏兆蓉对**孙云晓**说：在中国，咱们能对暴躁的父母做些什么吗？

孙云晓对魏兆蓉说：年青一代应当超越父母，用平和对暴躁是一种大境界，虽然这是很难的。

魏兆蓉对**孙云晓**说：您说得很对，以后我会尽力用爱对待身边的每一位同学。

夏对**孙云晓**说：是的。人人要有一份爱。那爱是有心出心，有力出力，有情出情，那爱是雪中送炭，实实在在的。

孙云晓对魏兆蓉说：你的想法让人敬佩！

适应社会、发展个性是教育准则

谢百云对**孙云晓**说：昨晚，我跟我们这里的一个普通农民谈论当今社会的丑恶现象。其实这个社会是人人为己的社会，特别是改革和开放，中央的意图都是好的，但行使起来就变了，一切有权的人都是为了自己的利益来操作，该开放的时候不开放，不该开放的到处可见。比如色情业，最近几年越来越泛滥了。

孙云晓对谢百云说：改革总要付出沉重的代价。美好的与丑陋的在不断较量。

谢百云对**孙云晓**说：就拿我们本地来说吧。大型的公共娱乐场所一个又一个，这个还没有热闹完，那个又开始规划了。老百姓就围着这个转，最后掏空的还是老百姓的钱包和政府的财政。听说民办学校收费可以不受限制，所以我们这里好多名牌中学都办私立学校，钻政策的空子，政府也不干涉，不规划，学校越来越多，规模越来越大。学生呢？好笑的是有一位校长还说假如他们学校办不成功，他买来的300多亩的地皮也能卖很多钱。呵呵！我看最后还是卖土地。

孙云晓对谢百云说:这样的校长应该回家卖红薯。

孙云晓对所有人说:我想提出一个问题。我们不能忘记那 4 名被杀死的同学,我们是否应该防范身边的"马加爵"? 一个马加爵就是一颗定时炸弹。所以,任何人群集中的地方都应当建立预警机制,发现危险的人物应当采取适当措施,而不能等着他把大家都炸死。

等待对**孙云晓**说:像马加爵那样为一点小事就去杀人的人在我们的社会中毕竟是少数,所以我们不必为此大惊失色,但我们每个人确实应该多一份爱心。

孙云晓对等待说:是的。但马加爵杀人案如冰山一角,不能不引起全社会的反思,也就是说如不采取强有力的措施,中国还会有成千上万个马加爵。你说可怕不可怕?

谢百云对**孙云晓**说:孙老师说得很有道理,防人之心不可无,害人之心不可有,马加爵事件中第二个教训应该是学校领导要反思自己,特别是云南大学的领导和班主任要好好反思你们教书育人工作做得如何。

季节云对**孙云晓**说:但是现在贫富悬殊的社会现实和我们教科书上的人人平等的理念反差太大,以至于有人产生叛逆的心态。我觉得这是最关键的。

孙云晓对季节云说:收入差异是改革时代的必然产物,既要采取措施,也要调节人们的心态。

夏对**孙云晓**说:贫穷也是一颗炸弹,说不定"三农"问题解决了,类似悲剧也会少一些。

季节云对**孙云晓**说:为什么我们的教科书不现实一点,不实话实说一点呢? 总把所有的东西都提到高深的理论上来讲呢?

孙云晓对季节云说:新课标的教材已经有了历史性的进步。

季节云对**孙云晓**说:是的。所以我觉得我们的教师、教科书,都要讲得现实一点,不要总让我们的孩子受着"要做落花生"、"要孔融让梨"、"要舍己为人"的教育。适当可以披露一下社会不公的现实、不良的现象，让学生学会怎样在这种环境下生存，就像一个人有残疾并不可怕，关键是你能够克服困难在世界上生活。我总感觉我们会编童话故事的老师太多，总给学生描绘繁花似锦的前途，而不愿告诉他们那里的一个个温柔的陷阱，特别是低年级的老师。

孙云晓对季节云说：青少年的教育是社会化的教育，要以适应社会、发展个性为准则。所以，应当从实际出发。欺骗学生是一种罪过！

谢百云对**孙云晓**说：还是回到马加爵的事情上来，这次事件大家应该从中吸取什么教训呢？我个人觉得学校应该加大心理健康教育，不说理想教育，至少应该让学生懂得珍爱生命，做任何事情之前应该考虑一下后果。

孙云晓对谢百云说：是的。应试教育越严重的地方，悲剧就越严重，死的人自然就越多。

德育重在育心而不是育嘴

谢百云对**孙云晓**说：另一个教训是，做人都不要太浮躁，心态要平和一点，有容乃大。其次，全社会都要重视做人的教育。只有做好人了，读书才会读好。我们语文老师经常教学生写作文，其实作文的本质是表达健康的、奋发向上的思想。一个心怀鬼胎的人怎么会有高尚的思想呢？

孙云晓对谢百云说：德育关键是有实效，要育心而不是仅仅育嘴。

谢百云对**孙云晓**说：实效性很重要，我觉得我们学校的德育是很有实效的。教育局的几位老同志最近专门来我们学校调研，发现我们的德育已经渗透到学生的各个方面。

孙云晓对谢百云说：太难得了！这说明只要努力，学校的教育就会起很大作用，而不应当只会抱怨社会。有人说得好：诅咒黑暗不如点燃一支蜡烛！

谢百云对**孙云晓**说：是呀！今天晚上发点牢骚，但工作中的我还是很认真的，特别喜欢开展创造性教育活动。孙老师有时间的话可以多关注我们学校，相信你的关注对我们学校的发展大有帮助。你的关注是我的最大动力。

季节云对**孙云晓**说：孙老师您看过新概念作文大赛的作品吗？我发现一大部分的文章都是很颓废的，在我们眼里就是无病呻吟，所以我感觉我们老师应该是做一个能把孩子引到阳光下的人。

孙云晓对**季节云**说：是吗？我没仔细看，但我同意你的想法。儿童教育应当是阳光教育！

魏兆蓉对**孙云晓**说：有时，人就应该学会自己教育自己，而且要学会找有益于自己的书去看。这样，心胸就开阔了，也不会做出什么太极端的事来了。

孙云晓对**魏兆蓉**说：是的。有人说爱下棋的孩子学坏的少，因为下棋就要讲规则，要看得长远。我想琴棋书画都是教育的好内容，都是健康人格的养成之道。

季节云对**孙云晓**说：做人要讲规则。同样爱上网的人犯错多，因为网上太自由了，非常随性。

谢百云对**孙云晓**说：教育无处不在，无时不在。作为老师和父母都要以身垂范，还有就是不要把孩子仅仅当孩子，有些事情大人可以知道的，小孩子也应该有权知道。

孙云晓对**谢百云**说：是的。每一个成年人都是孩子的榜样，每一个有良知的成年人都无法推卸这一神圣的职责。

魏兆蓉对**孙云晓**说：是呀。一个不称职的教师，不是毁了一个孩子，而是毁了几个班的孩子呀，责任重大。希望学校一定要在老师教育问题上，好好把关，不要把不称职的老师放走。

孙云晓对**魏兆蓉**说：不放走留着干什么？师德欠缺，一票否决！不过，不能当老师的人可以做别的职业。

魏兆春对**孙云晓**说：我是说，改好了的老师，再去上岗！

孙云晓对魏兆春说：完全赞成！

以爱育爱，以德育德

等待对**孙云晓**说：据我了解，现在很多学校都没有开设心理健康教育课，有的学校即使开课了，也是形同虚设。心理健康问题并没有真正引起学校、父母，乃至全社会的重视。马加爵案给中国的教育再一次敲响了警钟。

孙云晓对所有人说："等待"网友说得对，心理健康教育还是一个很薄弱的环节。要记住21世纪是精神病时代来临的世纪！

蔡敬阳对**孙云晓**说：怎样理解教育的"无为自化"？

孙云晓对蔡敬阳说：也许就是尊重人的个性，自己教育自己。

蔡敬阳对**孙云晓**说：说得对。我就是叫孩子这样做的。

夏对**孙云晓**说：学生感受到别人的爱，就会在心中滋生美好，爱的接力棒就会相传，社会才有平安的暖意。

孙云晓对夏说：这叫做以爱育爱，以德育德。

夏对**孙云晓**说：可教师也有很多心理问题呀。自身都不健康哪来健康的教育？

孙云晓对夏说：教人者要先受教育，首先要对教师进行心理健康的教育，也可以对心理不健康的老师调整其岗位。

夏对**孙云晓**说：是的。人心都是善的，何况是纯洁的学生，所以关键在于给他们一个好的榜样，好的环境。

孙云晓对夏说：对。要相信每一个孩子都有一颗向善的心灵。这是教育成功的第一依据。

Jyszzyc对**孙云晓**说：我认为这是马加爵在中学阶段没有受到应有的道德教育的结

果,也是应试教育的结果。

孙云晓对 Jyszzyc 说:这个判断是正确的。青少年的悲剧都与错误的教育密切相关。

Jyszzyc 对**孙云晓**说:你认为父母和学校哪个对学生的影响更大?

孙云晓对 Jyszzyc 说:父母和老师都是对孩子影响巨大的人。一般来说父母对孩子的习惯养成作用更大,但教师也大有可为。孩子年龄越小家庭影响越大,孩子年龄越大学校影响越大。

Jyszzyc 对**孙云晓**说:现在中学还是只讲升学不讲理想道德教育呀!素质教育喊了多年了,可现在呢?还是应试教育呀!

孙云晓对 Jyszzyc 说:已经见到一丝曙光了,不要着急。

戈壁梭梭对**孙云晓**说:孙老师,我是一名初一年级的科学课老师。教材中有一章是《代代相传的生命》,其中有两性生殖系统的系统知识介绍。您认为是男女生分班教学合适,还是合班教学合适?谢谢您!(我的一位同事是男老师,他建议分班教学,所以我想向您请教一下)。

孙云晓对戈壁梭梭说:分与合都是可以的,要从实际出发,但重要的是要有科学的精神和神圣的态度。欢迎你到我的网上看一看《藏在书包里的玫瑰》那本书。新浪网、搜狐网也都在连载。

戈壁梭梭对**孙云晓**说:因为我是 70 年代末期出生的孩子,所以我深切希望今天的孩子们能够得到及时、科学的性教育。

孙云晓对戈壁梭梭说:的确如此。即使在黑暗的时代,孩子的眼睛也能放出耀眼的光芒。这是生命之光,这是自由之光,这是希望之光!

戈壁梭梭对**孙云晓**说:学生真的是很可爱的。我和他们说过,老师很感谢他们,同时老师也需要他们的帮助。有太多太多的故事让我感动,我们应该调整自己的心态,真正去爱孩子。教育的核心理念应该是为了孩子快乐、健康成长。所有的空话、口号在它面前都要让步的。有个“问题学生”，但他看着我写小黑板的时候，说：老师的字好漂亮啊！所以我想明天要赶紧向他表示感谢，或许会有效果，让他知道老师尊重他、感谢他。

孙云晓对长壁梭梭说：是的。他会欣赏你呀！这就是爱，微弱的火苗在燃烧，千万别让它熄灭了。

长壁梭梭对**孙云晓**说：应该说是自己的教育智慧不够。我在讲到生命运动的时候，他小声儿说了句“勃起也是”。当时我不知道该怎么办（因为这一节的主要内容是机械运动和力），旁边的同学也不敢说什么。我只能不做表态，我怕自己处理不好，对这孩子有不良的影响。

孙云晓对长壁梭梭说：讲勃起算什么？我建议讲清楚性交、避孕、预防艾滋病等问题。当然也要讲性道德和性美学。

没有人文精神就没有现代教育

Hejie对**孙云晓**说：我想说说我作为一线教师的情况。我每个星期上17节课，又当班主任，有家庭的压力，有考试的压力，也有自身发展的压力。说严重点，我现在是看书的时间都没有。如何对我进行心理教育？

孙云晓对Hejie说：我非常理解你，这是学校和教委要考虑的事情。当然，你有一个好的心态也非常重要，建议你抽空看看电影、听听音乐、与朋友聊聊天、来这里和网友们聚聚等等，使自己的生活多姿多彩起来。

Hejie对**孙云晓**说：心理健康的标准是什么？

孙云晓对Hejie说：从自我意识的角度说，心理健康的标准可以概括为12个字：认识自己、接纳自己、控制自己。

Hejie 对**孙云晓**说：我一直很疑惑，在农村，广大教师在为生计奔波的时候，如何跟他们谈心理健康？我想，讨论能否更实际一些？我以前是李镇西的崇拜者，现在也是。我也常常自认自己是个不错的老师。

夏对 Hejie 说：你说得有道理。这是一个很现实的问题。

孙云晓对 Hejie 说：李镇西是我的朋友，是个很不错的教育专家。真正的教育家都是以人为本的。没有人文精神就没有现代教育。

长壁梭梭对**孙云晓**说：我经常也总要去看李镇西老师的“教育在线”。当教育变成了心和心的互相关怀的时候，我才体会到了教师的幸福和快乐。

孙云晓对长壁梭梭说：是的。

Hejie 对**孙云晓**说：但是，当我每天醒来的时候，现实总是让我去考虑更多和教育无关的事情。所以，我常常在想，我们的教育专家、教育学者、心理学专家，不要让我们去破坏传统和现在的文化。

孙云晓对 Hejie 说：是的。我喜欢老子。他两千年前的智慧依然可以滋润我们今天的心灵。当然，教育要解决真问题。

夏对 Hejie 说：在不顺或忙乱的时候能心平气和，这是需要长期积淀的，这就是健康。虽然做起来很难，可我们还是得去做。

Hejie 对**孙云晓**说：我想更多的是让我们如何在这浓浓的文化中呼吸到一点新鲜的空气。说得再明白一点，我希望我们少讲貌似真理的真理。

夏对**孙云晓**说：最重要的是先培训教师，因为有的学生的越轨都是学校有意无意造成的，还有就是社会的责任！

孙云晓对 Hejie 说：师生之间教师是关键，亲子之间父母是关键，官民之间官员是关键。

（2004 年 3 月聊天记录精选）

父母要关注儿童的同伴交往

记者：为什么孩子到了一定的年龄，同伴对他们的影响就胜过父母对他们的影响？

孙云晓：我们大家都会发现，一般孩子在10岁以前会非常听父母的话。父母说这件衣服漂亮，他们就会觉得这件衣服漂亮。但是，从小学高年级开始，特别是上了中学以后，一般父母就会发现，这个时候，同伴对孩子的影响就慢慢胜过父母的影响：妈妈说这件衣服好看，同伴说这衣服俗，俗不可耐，孩子马上就会附和同伴的意见，不再喜欢这件衣服。这种现象就叫群体社会化。群体社会化一定是在同伴交往中实现的，对孩子的人生观、价值观、审美观都有相当大的影响。

为什么孩子越大越受群体社会化的影响呢？那是因为，孩子在小的时候没有独立交往的能力，他们只能跟随父母，依赖父母，听从父母的指挥。孩子长大一点后，渐渐开始脱离父母的视线，跟同伴在一起的时间就多了起来。因为每个孩子都是从单个的家庭走出来的，他们彼此见面，不由自主地都会有一种孤独感、恐惧感，都想尽快得到同伴的接纳、认同，并在同伴中确立自己的地位、作用。一个孩子若老是和同伴作对，就会有悖于同伴相处的原则，从而被同伴排斥、抛弃。孩子若被同伴抛弃则会产生一种强烈的挫败感、失意感，心里会充满焦虑。所以，孩子长到一定的年龄总是希望自己在同伴中拥有比较好的形象。一旦有了同伴的认同、接纳、欣赏，孩子心里会有一种安全感、成就感、满足感，干什么都心情愉快、有劲。否则，孩子就会郁郁寡欢，干什么都觉得没劲、提不起精神。

记者：同伴交往对孩子的吸引力在哪里？对他们的成长有何价值和意义？

孙云晓：同伴交往，因为他们的年龄相近，知识、阅历、心智发展水平相近，所以，他们在一起，会有很多相同的兴趣点和兴奋点，一下子就能找到共同话题。你看孩子见面，不需要介绍，不需要名片，只要拥有一点相同的气息，马上就能走到一起，找到心灵的共鸣。这是父母无法给予他们的享受，所以，孩子天生“爱扎堆”。

一家一户的孩子，若没有同伴间的交往、磨合，很容易在家“窝里横”，养成撒泼、耍赖、蛮横不讲理的脾气。但是，若是同伴在一起，情况就会大为改观。因为大家的年龄相同、家庭地位相同，谁都没有指挥、驾驭别人的权利，所以，彼此都得谦让点、忍耐点，替别人多想点。良好的同伴交往既能锻炼孩子的独立自主能力、自我反省能力，又能使孩子改掉各自身上的“小霸王”脾气，为他们情绪、情感、个性的良性发展提供可能，还能为孩子成年后的人际交往奠定基础。所以，父母应尊重他们交友的权利，为他们交友提供方便。

记者：同伴交往对孩子如此重要，然而，如果父母对孩子的同伴交往不加重视，会出现怎样的情况？

孙云晓：很多父母都跟孩子说过相同的话：只要你把学习搞好了，别的什么都可以不管。我觉得，这是一个非常可怕的国民共识。我知道，学习成绩好，考一个高分数对他的发展意义是重大的。但是，我做了近 40 年的教育，我有一个感受就是，没有朋友的孩子比考试不及格还要严重，不会交往的孩子比他的学业失败还要严重。如果有一个孩子，他跟同伴的关系是和谐的，朋友是多的，他就会容易成长得好；如果一个孩子没有朋友，或者和朋友的关系是紧张的，那么他就可能发生问题，有很多的危机可能将跟随着他。

有一个案例让我难忘。宁夏有一个男孩子，学习成绩出类拔萃，曾获得全国中学生化学大赛第一名，物理大赛第三名，被保送到北京大学。但是，谁都想不到，在大学三年级的时候，这个学生被判了有期徒刑 11 年。怎么回事呢？这个学生我给他起个化名叫王希，他学习成绩非常好，但是他没有朋友。从小学到中学，放了学就回家，回家就学习，上了大学也基本上没有什么朋友。

到了大三的时候，他感到没有朋友的日子是很难过下去的，他想一定要交上朋友，于是就和同宿舍的一个男同学形影不离。后来，这个同学听到一些议论，说两个小伙子为什么总黏到一块儿。对方觉得紧张了，就不想这么黏糊了，慢慢地开始疏远这个王希。王希很难过，劝他说，他们两个不能分开。那个同学坚决不理他。王希认为，自己对他这么好，他却对自己这么绝情，自己要对他采取报复行为。怎么报复呢？王希是学化学的，就去搞了一种剧毒的化学品——铊盐，把它投到那个同学的牛奶杯里。一个宿舍住的同学，当然不可能有防备了，这同学喝了，反应剧烈。

这个王希还算良心未泯，一看同伴这么惨，就赶快打个车送他去医院。在医生的追问之下，他被迫承认了他投的是什么东西。经过抢救，这个同学没有死，但住院治疗一年，花的钱有 6 万多。一年后，这个同学出院了，就告他。北京海淀法院一审理，非常简单，故意杀人罪，判有期徒刑 11 年，剥夺政治权利 3 年。王希的父母一听这个结果，非常难过，也难以理解，这么努力学习的孩子，怎么会发展到故意杀人？后来他们悟出来了，是因为忽略了对这孩子的健全人格的培养，忽略了孩子的交友需求。

记者：孩子在同伴交往中有地位差异吗？如何认识、看待这种地位差异？

孙云晓：孩子间同伴交往的水平影响他们的社会地位的差异。回首我们自己的童年就知道，每个孩子在群体中的地位都是不同的。心理学研究发现，孩子在同伴中的地位概括起来有三种：第一种是明星，第二种是处在一个中间状态，叫游离者，第三种最惨，叫被拒绝者。

在同伴交往中处于明星地位的孩子，他的综合素质一般都比较高。具有一定的亲和力。比方说，碰到难题，他会找人商量；他想借你的东西，他会说，他很喜欢这个东西，你能借给他吗？他考虑问题比较周到，有一定的组织能力，或者还有某些过人的本领，孩子们自觉自愿就会跟他在一起，从而形成一个比较固定友好的群体。

那些有失败感、挫折感的被排斥者，他们往往会走两个极端：一个极端是以消极对抗的方式，和群体作对，和班级作对，和所有人作对；另一个极端就是无原则地讨好同伴，有的孩子会拿家里的钱和东西讨好同伴，有的会替别人背书包，有的甚至会替别人做帮凶。因为害怕自己总处在一种孤立、受冷落的状态，所以，他们会不惜一切代价讨好别人，以摆脱自己的不利局面。

记者：孩子们爱交朋友，然而，他们又往往不会交朋友，在他们的交往中都容易出现哪些问题呢？

孙云晓：孩子们交友中的问题很多。据我了解，一个比较严重的问题就是相当多的孩子都具有不同程度的攻击性需求。因为我在中国青少年研究中心工作，我们经常会做一些大型的调查。1996 年，我主持过一项调查，我们发现了一个数据，80%以上的独生子女都具有不同程度的攻击性需要，这使我们感觉到相当惊讶。当然，这个攻击性需要是他的一种人格需要，这种攻击性需要并不一定就是打人骂人，就是暴力的。它是一种什么需要呢？就是在同伴的交往当中，容易忽略别人的感受，说话刻薄、伤人，而他自己觉得没伤人，就是这么想的。当他幸福的时候，他意识不到别人的痛苦；当他说一个人隐私的时候，他没有意识到这对别人有伤害。

南方有一所学校，有一个小学四年级的班，该考数学了，同学们发现，他们班里边数学成绩最棒的那个女孩子没来考试。大家都很奇怪，她怎么没来呢。后来，老师说，她的爷爷去世了，她要在家办理丧事。学生们听到这儿，发出了一片欢呼声：她的当数学教授的爷爷死了，没人能辅导她了，大家可以超过她了。小孩们兴奋地敲桌子、跺脚。这就表现了孩子们的一种攻击性需要。我在上海采访的时候，一个当了多年班主任的老师，说到学生的攻击性时，说到了她的儿子。她的儿子矮矮的、瘦瘦的，特懂事。有一天，学生们在教室里闹腾，把她儿子挤到门后边。大家知道这个门后是个死角，进去了的人就没有地方可逃。孩子们一哄而上，使劲儿挤这个门，生生把她儿子的胳膊给折断了。这老师说起这事特别痛心。

记者:孩子们为什么会有这些攻击性需求呢?

孙云晓:这些攻击性需求当然是有原因的。一般父母都希望自己的孩子考第一,可每一科只有学习特棒的学生才能考第一。对一般孩子来说,这一科没戏,另一科还可能没戏。学习成绩特棒的孩子像一座座大山一样挡在普通孩子面前,无论普通的孩子怎么努力,都没法圆自己和父母的梦。所以,才会出现数学尖子的爷爷死了,她没有靠山了,孩子们发出一片欢呼声的情况。

另外,我们发现,父母的干涉和误导也会影响孩子的同伴交往。在以往的全国大调查中,我们发现,72%的中小学生独生子女的父母都希望他们的孩子有好朋友,甚至还有79%的父母欢迎孩子把他的好朋友带到家里来。但是,我们也发现了另外的一些事情,81%的父母希望他们的孩子和学习好的同学交朋友,75%的父母对孩子交朋友有严格的要求,71%的父母反对孩子和一些学习不好的人交朋友。

父母不想让孩子跟学习不好的人交朋友,而想要他们和学习好的人交朋友。可孩子们说了,他们交朋友有自己的感觉,好朋友不是按照分数来选择的,有些学习好的人不够朋友,有些没有情趣,跟他们来往感到很没劲。孩子的交往是根据性格、情趣、自我感觉来确定的。父母的这种交友态度会误导一些孩子,给他们的交友蒙上一些功利色彩,从而违背他们交友的初衷。以学习成绩划分交友范围,很容易使孩子生出一些嫉妒心理、攀比心理,对交往双方构成伤害。

那些有暴力倾向的孩子,经过调查分析,我们发现他们本身多多少少都受到过一些伤害。他们被人伤害后,很容易用相同的暴力方式去报复那些伤害过他们的人。如果无力报复那些伤害他们的人,他们或许就会转移报复对象,把暴力目标对准那些无辜的比自己更弱的人。

记者:父母该如何引导孩子正确交友?在交友中应注意掌握哪些原则呢?

孙云晓:孩子们在同伴交往中,一定要意识到别人的存在,一定要有同情心,善解人意,体会别人的感受和心情。父母也要创造条件,让孩子感受到一个人只有在群体之中才能获得快乐。只有心中有别人,才会获得快乐。

孩子有自己的小伙伴。小伙伴之间有小秘密。好奇心太重的父母千方百计地想要问出来,但却不知道,如果真的问出来了,孩子可能在小伙伴中就失去威信了。因为孩子的秘密很多时候意味着他们需要独立面对和承担一些责任。孩子把小伙伴间的秘密讲出来了,就使他们再次面对同伴时会面临一种尴尬的境地。父母们需知道:"没有秘密的孩子长不大。"父母应允许孩子在一起说悄悄话,搞秘密活动。

在引导独生子女学会同伴交往中,我觉得有三个原则需要提出来:

第一个原则就是学会发现不同种类的人,尊重多元文化,不排斥人、不打击人、不用有色眼镜看人;无论别人的家庭地位如何,是富裕还是贫穷,无论彼此的种族、生活方式有何不同,只要彼此有某些相通的地方,大家就应该成为好朋友。

第二个原则就是要引导孩子学会相互学习,善于发现对方的优点。很多孩子都有这个缺陷,就是不大容易发现别人的优点,特别是小学生。比方说,你让小学生说说某个同学的缺点,大家都是话很多,这也不好,那也不好,说了很多。如果你说大家想想看,他有哪些优点,大家一下就沉默了,不知道,没看见。儿童时代,眼睛特别尖,但看的都是别人的缺点,这就需要父母、老师正确引导,使他们慢慢学会发现别人的优点。你只有乐于发现别人的优点,你才会善于和别人交往。

我去采访过社会学大师费孝通,老先生就说了,要让孩子相互学习。同伴交往的一大功能就是相互学习。儿童的学习是一种观察性学习,儿童懂道理经常不是听会的而是看会的:我看你是怎么做的,你挨打了,我可要小心了;你烫伤了,我也得注意。相互学习,相互借鉴,彼此取长补短,会使孩子的整体水平都得以提高。

第三个原则就是我们的孔老夫子说的,"君子和而不同"。我尊重别人,我善解人意，我愿意帮助别人，但不等于我要失去我自己。保持自己的个性，保持自己的优势，保存自己的处世原则，同伴间求同存异，反而不会被遗忘、被取代。特点不同的人在一起才更有趣味性。

记者：同伴交往问题，也是儿童社会化问题，父母怎样才能帮助孩子做好社会化过渡呢？

孙云晓：做了几十年的儿童教育和研究，我有一个非常深的感受就是：儿童长大的过程是一个社会化的过程。他们社会化的过程有两个显著的特点：第一个特点是群体性，就是说儿童长大是在群体的交往中长大的，再好的父母都不能代替伙伴的这样一种交往的体验；第二个特点是实践性，儿童是通过亲身体验去明白道理的。同伴的交往本身就是一种实践。我就常想，我小的时候，有的时候朋友间好成一个人，有的时候闹别扭分开。后来，这些朋友有的恢复友谊，有的疏远了，被别的朋友、新的朋友取代了。正是在这种分分合合的新老朋友交往中使我学会了什么叫友谊，什么叫孤独，什么叫社会。所以，我要说，儿童的社会化是离不开同伴的群体交往的。

那么，什么是儿童的社会化呢？我用一种通俗的语言来表达，就是当你心中能够想到别人，你的社会化就开始了，当你能够处理好你我他之间的关系的时候，你的社会化就达到了一定的水平。独生子女靠一家一户是难以教育好的，独生子女父母只有联合起来，让孩子们自由交往，充分实践，以群治独，才能使孩子们顺利成长，成为成熟的、受欢迎的人。

道德智能低下的孩子难以生存

道德智能低下的孩子将无法适应10年后的社会，这个结论是韩国前教育部部长、首尔大学教育专家文龙鳞教授提出的。我不仅完全同意这个观点，甚至认为道德智能低下的孩子已经难以适应今天的生活。

有充分的证据证明，对于这样一个观点，许多人是不以为然的，还可能认为是危言耸听。据全国少工委办公室和中国青少年研究中心1999年“当代中国少年儿童发展状况调查”报告，86.7%的少年儿童在回答“父亲主要关注你哪些方面”时，首选“学习成绩”；82.8%的在回答“母亲主要关注你哪些方面”时，首选“学习成绩”。更有26.5%的认为“父母只关心我的学习成绩”，其中，持这种想法的城市少年儿童比例高达34.4%，比同龄农村少年儿童的比例高出10个百分点。2005年“当代中国少年儿童发展状况调查”发现，88.2%的少年儿童在回答“父亲主要关注你哪些方面”时，首选为“学习成绩”；回答“母亲主要关注你哪些方面”时，学习成绩的比例也是位列第一，达到78.7%。近半数少年儿童认为“父母只关心我的学习成绩”，比例较1999年上升了18.6%。

在很多人看来，似乎应试能力是孩子的第一能力，只有会考试才会有前途。可是，他们可能不清楚，今天的考试正在悄悄地向素质教育转向。譬如，前几年某银行举行一场招聘考试，考试内容不是坐在那里解答考题，而是应聘者不分学历，都要经过一段时间的集体宿舍生活，从而评价他们与人相处的方式和区分是非善恶的标准。最终发现，在被聘用的人中，普通学校毕业的人要比一流大学毕业的人多。与学习成绩相比，企业把员工的道德品质看得更重。

中国的父母可以联想一下自己的孩子，如果您的孩子去经受类似的生活能力和道德水平的考察，情况会如何呢？

让我们来看一个中国的案例：

2003年5月，14岁的任有志（因其是未成年人，本文采用化名）在宁夏某县一所普通中学上初中三年级。在两次模拟考试中，任有志的成绩都在全年级名列前茅。

一天，班主任告诉大家说，今年要从初三的四个班中保送一名品学兼优的学生到市重点学校去上学。任有志生活的县，常年缺水，非常贫困。任有志的父母都是农民，他是全家的希望。班主任说究竟谁能获得被保送到重点高中的机会，将由最后一次模拟考试的成绩决定。

任有志心里既紧张又兴奋。可他发现同班同学陈光（化名）也在积极地为这次考试做准备。陈光这个强有力的竞争对手让任有志感到了压力。因为从初三开始，陈光的学习成绩一直排在任有志前面，包括前两次模拟考试。

整整一天，任有志都没法集中精力上课，他心里翻来覆去地想着这件事。比较内向的任有志没找人倾诉也没找人帮忙，他最后得出一个结论，只有让竞争对手下去，然后自己才有可能上来。一天，他走在街上的时候，突然发现有卖老鼠药的。一瞬间，脑子里的想法一下蹦出来了，他想：要让陈光错过这次考试，然后自己就能顺利地被重点中学录取。

一个星期后的星期一，在宿舍里，任有志把买来的老鼠药放到了陈光的面条里面。没想到，另一名同学杨墨（化名）也吃了一些面条。结果，两个同学都中毒身亡。

2003年9月，任有志因故意杀人罪被判处死刑，缓期两年执行。同年10月，他被送往某未成年犯管教所服刑。2007年，年满18岁的任有志被转到某监狱继续服刑。因为在狱中表现良好，他被减为有期徒刑19年。

《法制周报》2009年3月11日报道了这个悲剧，作者郭薇灿和陈雨花介绍说，记者来到某监狱，看到任有志正在监狱图书室整理图书。面对记者，任有志说他希望跟他同龄的莘莘学子，不要步他的后尘，也不要用他这种愚蠢的方法去解决人生中的问题，必须得用正当的方式去做一些自己想做的事情，实现自己的理想。

这当然是一个极端的案例，相信一般的青少年都不会这样做。可是，偶然性往往为必然性开辟道路。也就是说，在这个极端的案例中，蕴藏着许多极为普通的常见的因素，如渴望成功、害怕竞争、难以克制等等，这是相当多的孩子都可能具有的心理特点。而如何处理这些矛盾，正是道德智能水平的体现。

谈到道德的时候，许多人会觉得是说人的觉悟水平。可在文龙鳞教授看来，对孩子来说，道德首先是一种智能，是一种需要用心培养的能力。道德就是在人与人相处时，每个人都应该遵守的规范和判断是非对错的标准。因此，道德智能就是判断是非的能力，进一步说，就是在自己的伦理信念的支配下，拒绝不正当或不良行为的能力。这种能力包括同情并关心别人痛苦的能力、调节自己情绪和抑制欲求的能力、接受和理解与自己不同观点的能力、尊重别人的能力等。这种能力会让你拥有高尚的品格。有了这种能力，还能让你成长为一个头脑清醒、胸中充满激情的人。

那么，现在该怎么培养孩子的优良道德品质呢？文龙鳞教授建议掌握道德开发方法一定要知道道德发展阶段，并提出以下要点：

0～1岁——培养道德只需要无条件的爱。对刚出生的婴儿进行道德教育是不可能的。但是，父母无微不至的关怀体贴会让孩子感到安全。这是孩子积极感受世界的基础。比如，爱打架的孩子，往往是妈妈不在身边。与家人分开生活的孩子，他们常常打架是因为缺乏安全感。给父母的具体建议是：孩子一哭，马上放下所有事情跑过去；

绝对不要对孩子喊叫；慢慢培养孩子的耐心；耐心等待孩子做出反应；尽可能地表达对孩子的爱。

2～4 岁——就算孩子听不懂，也要向他们说“不”。2～4 岁是学习说话的阶段。2 岁可以说 300 多个单词，3 岁可以说 1000 多个单词，4 岁可以说 1500 个以上的单词。孩子能够听懂说话，说明他开始能够理解语言规则。给父母的具体建议是：要坚决地对孩子说“不”，并向孩子说明不行的理由；避免在孩子面前吵架，因为模仿是孩子最好的学习方法。

5～7 岁——这个阶段父母的话就是“宪法”。5 岁左右的孩子自我意识急剧增长，什么事情都想按自己的意愿来做，此时的道德教育尤为重要，要教给孩子道德价值观——这是孩子将来道德形态的决定性因素。给父母的具体建议是：通过影视、戏剧或书中的故事情节让孩子间接拥有判断是非好坏的经验；不要因孩子顶嘴而生气；教会孩子区分“我的”、“别人的”概念，尽可能学会分享；让孩子摆脱以自我为中心的想法。

8～10 岁——制作一个适合孩子的“道德教材”。孩子上学后，一半以上时间都是与父母分开的，同伴关系对他的道德智能发展起着至关重要的作用。此时孩子的是非标准依然经常混乱。给父母的具体建议是：再次对孩子说“不”并耐心分析引导；及时进行性教育；注意培养孩子良好的网络使用习惯。

10 岁以后——应该始终尊重孩子。

在我看过的韩国家教图书中，文龙鳞教授的教育思想是高屋建瓴的，他抓住了教育的核心并给予科学的解释。更为难得的是，他是一位务实的教育家，他提出了一系列具体可行的教育建议。毫无疑问，培养少年儿童的道德智能是家庭教育和学校教育的首要职能。

实际上，世界上许多学者都认为道德能力是适应未来的关键能力。据 2009 年 5

月 4 日新华网介绍，美国著名心理学家霍华德·加德纳在其新著《迈向未来的五种思维能力》一书中解释了人类面对 21 世纪需要具备的五种思维能力，如条理性思维、综合性思维、创造性思维、尊重思维能力和道德思维能力。他认为，道德思维能力反映的是人作为不同角色的适应能力，其中包含了美德、责任感和道德感。其实，尊重也是一种道德思维能力。这位以多元智能理论闻名于世的学者指出，在当下社会，事物瞬息万变，时间和空间概念都会随技术的发展而迅速地发生变化，市场变得越发强大，而且缺乏一种力量去改变它。因此在这样的环境下，人面对的挑战就是如何把美德、责任和道德结合起来运用。

我们来分析一下，作为一个学习成绩总是名列前茅的学习尖子，任有志的悲剧不正是道德智能水平低下吗？可惜，当他意识到自己是用一种愚蠢的方法去解决人生中的问题时，他已经是一个杀人犯了，要面对 19 年的漫长刑期。他用生命的代价才悟出一个简单的道理：必须得用正当的方式去做一些自己想做的事情，实现自己的理想。

当我们为任有志等犯罪少年的悲剧惋惜的时候，更应当想到家庭与学校的责任，想一想，我们究竟给了这类少年什么样的教育。

毋庸讳言，中国长期存在着"教育荒废"的倾向，即表面上看教育抓得很紧，而实际上真正的教育如道德智能与健康人格的培养往往被忽略，这种现象在家庭教育中尤为突出。

毫无疑问，家庭教育是对孩子成长影响最为深远也最为长久的。工读学生多数是行为问题较为严重甚至走向犯罪边缘的未成年人，他们的出现往往是教育失败的结果。让我们来看一下工读学校学生和普通学校学生家庭教育情况比较。

2005 年，中央综治委预防青少年违法犯罪工作领导小组办公室和中国青少年研究中心工读教育课题组调查发现，在全部工读在校生中，"父母忙于工作没有时间管孩子的"占 24.3％；"父母教育方法有问题的"占 45.4％。在工读学生和普通学校学生家庭教育情况比较中，反映出更多的家庭教育方面的问题。

在全部家人的教育行为中，有利于孩子的方面均是普通学校学生的肯定回答高于工读学校学生，如“家里人总是鼓励我”78.7%比71.4%；“家里人经常听取我的意见和想法”62.8%比50.4%；“家里人很关心我的品行”89.3%比81.8%、“家里人很关心我的心理状况”73.7%比63.5%等；而不良教育行为都是工读学校学生的肯定回答高于普通学校学生，如“家里人对我很娇惯”37%比17.2%；“家里人经常打我”15.8%比6.3%；“父母忙于工作，没有时间管我”36.4%比19.9%；“家里人经常为怎样教育我闹矛盾”35.2%比19.7%；“家里人只关心我的学习，不关心其他方面”25.8%比22.6%，等等。

这些数据告诉我们，良好的教育会让孩子健康成长，糟糕的教育会让孩子走向困境乃至深渊。其中，教育的核心内容就是道德智能的培养。

我想，从小对孩子说“不行”或“可以”的意义在于，让他在认识人生与世界之初，就明确什么是好什么是不好，什么应该做什么不应该做，并坚定不移地坚持下去，从而养成良好的道德习惯。因为，道德智能简言之就是判断是非的能力，就是拒绝不正当或不良行为的能力。显然，培养少年儿童的道德智能是家庭教育和学校教育的首要职能。

童年恐慌呼唤捍卫童年

一年一度的"六一"国际儿童节刚刚过去，面对这样一个童心与爱心交融的日子，我们在表达衷心祝福的同时，不能不说出心中深深的隐忧。至少近10年来，过高的期望和沉重的负担，导致中国半数以上的中小学生长期学习超时，睡眠不足，相当多的孩子被剥夺了快乐的童年。然而，当教育部门努力推进素质教育的时候，一个冷漠的观念正在流行——"孩子如果有了快乐的童年就不会有幸福的成年"。显然，一个重大而紧迫的问题摆在我们面前，即孩子究竟需要一个什么样的童年？剥夺孩子快乐的童年真的能给他们幸福的未来吗？

值得警惕的"童年恐慌"现象

有一个惨痛的悲剧是让人难以忘记的：

2005年7月10日，当同学们兴高采烈地参加结业典礼时，宁夏银川市13岁的小学毕业生秀秀（化名）却永远地离开了人世。在给父母的遗书中，秀秀的话令人震撼："我是个差生""我死了可以帮您节约10万元。"在给班主任老师的一封未发出的信中，秀秀写到，班里的一个同学在跟她闹矛盾时总会不屑地说"考六七十分的差生"。"差生"让秀秀背负着沉重的心理压力，因为觉得自己成绩不好，是个差生，感觉难以面对父母可能是秀秀选择自杀的主要原因。

秀秀的死刺痛人们的心，然而，更令人忧心的是，秀秀的悲剧仅让我们看到了冰山一角，在当今中国，还有不少儿童像秀秀一样承受着巨大的压力，特别是与学习有关的压力。这使儿童失去了本该拥有的快乐和轻松，在紧张不安中过早地告别了童年时代。“童年恐慌”的现象正在整个社会蔓延。

捍卫童年是全社会的神圣责任。目前国际社会基本认同的童年概念包括：第一，我们必须将儿童当“人”看，必须承认儿童具有与成人一样的独立人格，而不是成人的附庸；第二，我们必须将儿童当“儿童”看，承认并尊重童年生活的独立价值，而不能仅仅将它看做是成人的预备；第三，儿童在成长阶段，应当为其提供与身心发展相适应的生活，儿童个人权利、尊严应当受到社会保护。

“童年恐慌”是指儿童因面临巨大压力不能理解也不能承受时所导致的一种较强烈、较持久的焦虑心态。在儿童的日常生活中，与学习有关的压力是他们面临的最主要压力，且呈现逐渐增长的趋势。巨大的学习压力扭曲了儿童的学业动机和人格发展，导致儿童认知需要缺乏，竞争需要强烈，人际关系不良，使儿童失去快乐，童年过于短暂，而且对于应对能力不足的儿童来说，沉重的学业和发展压力容易使他们对未来产生不可预知的疑惑和恐惧，致使儿童厌学，厌恶生活，甚至采用极端手段来逃避压力。我们将这一现象称为“童年恐慌”。“童年恐慌”主要表现在以下三个方面：

第一，“童年恐慌”首先表现在儿童承受着与学习有关的巨大压力。与学习有关的压力是儿童日常生活中面临的最主要压力。中国青少年研究中心 2005 年 9 月对全国 9 岁～18 岁儿童的抽样调查表明，儿童的日常烦恼主要来源于与学习有关的压力。调查显示，儿童普遍感到苦恼的三个方面是：学业压力大（57.6％）、不被人理解（53.9％）、成绩不好（38.7％）；儿童普遍感到幸福和快乐的三个方面是：实现了目标（48.7％）、学习成绩提高（42.4％）、受人尊重（39.2％）。这表明，儿童对幸福和苦恼的日常体验普遍都与其学习状况关系密切，学业上的成功往往是他们快乐的主要源头，学业上的压力和不成功往往又成为他们烦恼的诱因。同样，儿童对未来生活的担忧也主要来自学业。调查表明，升学考试激烈（66.9％）、考不上好大学（41.2％）、学习压力大（38.2％）、找不到好工作（37.4％）、学费高（30.0％）是中小学生认为他们未来生活将会面临的主要困难。

随着年龄增长，感觉压力大的儿童越来越多。据中学生说，在读小学的时候，感觉学习压力比较大或非常大的学生有5.3%，初中的时候有55.3%，高中的时候有87.4%。考试是学习压力的主要因素，调查显示，49.6%的小学生、84.7%的中学生觉得考试带来的压力太大，且随着年级提升，感觉考试压力大的儿童越来越多。

近年来，儿童的压力还呈现出下移的趋势。由于中小学名校考试录取率远低于高考，为就读名牌小学和名牌中学，许多小学生甚至幼儿被迫参加更多的培训班，以增加应考时的砝码。中国青少年研究中心2005年调查显示，64.4%的小学生当年暑假参加了培训班，远高于中学生的39.1%；其中74.8%的小学生、81.5%的中学生参加了以提高学业成绩为目的的培训班。不少儿童从上幼儿园开始，就背负起沉重的升学压力。儿童被一遍一遍的告知："不能上重点小学就不能上重点中学，不能上重点中学就不能上重点大学，以后就找不到好工作……"这个可怕的压力链条将触角深到天真烂漫的幼儿身上，使儿童感到将来的生活非常可怕，很小的时候就对未来产生了恐惧。

第二，"童年恐慌"表现在儿童扭曲的学习动机和较高的成就焦虑上。心理学研究发现，在人的学习过程中，不同的学习需要其效果也是不同的。以学习知识本身为目的的认知需要，是最稳定、最持久的内在需要，而把学习作为竞争的手段从而提高自己在群体中地位的竞争求胜需要，是最消极、最扭曲的学习需要。竞争需要较强的学生攻击性也较强，他们很难体验到和谐与快乐，甚至无法接受别人的成功。沉重的学习压力和激烈的升学竞争扭曲了儿童的学习动机，强化了儿童学习的竞争需要，弱化了认知需要，使大部分儿童丧失了学习的兴趣和内在持久的动力，陷入成就焦虑之中。

中国青少年研究中心2005年对全国6岁～14岁儿童的抽样调查结果表明，多数儿童学习的认知需要不足，仅30.3%的儿童是因为"喜欢读书"而学习，相当多的儿童是将学习作为实现理想(69.5%)、将来有个好工作(59.8%)、将来造福社会(58.3%)，以及让父母满意(46.5%)的手段,还有一些儿童将学习作为竞争的手段,为了让同学看得起而读书(7.6%)。

另外,调查显示,对于本应成为儿童隐私的成绩及成绩排名,却有49.9%的儿童认为应该公开成绩,62.1%的儿童赞同成绩排名,73.6%的儿童认为成绩排名能够使人清楚地认识到自己的水平,67.4%的儿童认为成绩排名能提高学习积极性,这也反映了相当多的儿童具有较强的竞争需要。他们将学习看做是一场竞争,把其他同学看做是竞争的对手,他们更关心的是与其他人的比较,总是担心不能超越别人或被别人超越,因此经常处于紧张不安之中,难以享受学习本身的乐趣,也影响了良好人际关系的建立。

第三,“童年恐慌”还表现在儿童焦虑不安的情绪体验和较低的心理健康水平上。台湾学者张春兴指出,当儿童感到周围环境中有太多的压力,而儿童又无法回避这一切时,就会对周围的一切产生不合理的恐惧反应,严重影响其心理健康水平。调查显示,相当多的儿童因考试或学业压力而心情不好(76.2%)、郁闷(55.4%)和烦躁(54.2%),部分儿童因此睡不着(38.2%)、不想学习(25.1%)、自卑(24.5%),还有少数儿童甚至对生活绝望(9.1%),而且随着年级提升,这种情况呈增加趋势。

“童年恐慌”的原因分析

童年本应是一生中最美好、最快乐的时光,而如今却变得如此沉重,充满了压力、紧张,甚至绝望。反思“童年恐慌”现象产生的原因,是采取相应措施解决问题的重要前提。

第一,父母过高的学历期望和不当的教育方式是导致“童年恐慌”的一个直接原因。调查发现,父母对儿童的学历期待和学习成绩要求与现实可能性严重脱节。调查数据显示,91.7%的父母希望孩子获得大专以上学历,其中54.9%以上的父母希望孩子读到博士学位，但大学扩招到今天，高校入学率也只在23%左右，能获得博士学位的更是少之又少。数据还显示，83.6%的中学生父母要求孩子考试成绩要在前15名，其中，要求总是做第一名有3.4%；前3名的17.4%；前5名的17.1%。76.4%的小学生父母要求孩子考试成绩要在90分以上，其中，34.9%的要求95分以上，9.3%的要求门门都是满分。如此高的期望和要求，对于大多数儿童来说，是绝对不可能实现的，因此，很多儿童成了"失败者"，丧失了自信，陷入恐慌和痛苦之中。

李维榕博士是美国纽约家庭心理治疗研究中心教授，她在心理咨询方面颇有建树。她曾经给大家讲过一个非常典型的由于父母成就焦虑导致孩子成就焦虑的案例。她说：

我认识一个小女孩，她的父母给了她一个十分出众的名字，让我们暂且叫她"超人"吧。超人精灵可爱，在班里也很优秀，成绩好，邻里看了都喜欢，是家人及老师的宠儿，就是有一个毛病，她很容易哭泣。很小的事情，像铅笔芯断了，或皮鞋的带子打了结，或她的书桌被人收拾过，都会令超人眼泪盈眶，抽泣不止。

超人的父亲是名物理学教授，却无法理解女儿的个性。他认为，女儿见过很多大场面，惯于应付各种环境的压力，对着一千人独奏钢琴都从容镇静，怎么对毫不重要的生活小节却完全失去控制？

从超人出生的那一刻起，父母就为她安排了一切有益于发展的活动，给她准备了父母认为最适当的环境加以栽培。父母都喜欢古典音乐，超人的婴儿室里也天天播放莫扎特或巴赫的音乐。父亲头脑精密，女儿的玩具也全部是发展脑力的益智游戏。母亲精通几国语言，女儿的故事书也备有中、英、法、德语版本。

这是一个在放大镜下长大的孩子，她的一举一动、一言一行都逃不过父母的苦心观察，刻意启发。无疑，这是一对时时都处在成就焦虑中的父母，他们一心一意要把孩子培养成为最优秀的人。超人的父亲曾说："超人在班上如果考了第二名，我就鼓励她下次一定要考第一。”

一个永远向上的孩子，其实就像赛场上的一匹宝马，被人罩上眼罩，只能盯着目标而奔跑，不可旁观。在这样绝对理智的家庭环境中长大的孩子，当然无法承受这世界的不完整之处，因此，生活稍一出错，就触发起内心无比的愤怒，无比的控诉。

年仅8岁的超人，在下意识中知道，超人的路并不好走，因此，一有机会，她就会放声大哭。她能够哭泣是件好事，至少可以让她心中的压力有个出口，但是，慢慢地，她会学到怎样控制哭泣，那时候，她将会把自己的感觉藏得很深。事事追求完美，是我们不少人一辈子缠在头上的紧箍咒，那金刚圈子一天不能除下，我们就一天不得自由。

李博士建议超人的爸妈，为女儿起个新名字，叫小花猫也好，小黄狗也好，8岁的孩子应与动物为伍，跳跳叫叫的。一个孩子过早背上那征服世界的使命，担子实在太重了。

第二，教育评价指标单一，学校过度追求升学率，是导致“童年恐慌”的重要原因。调查显示，52.2%的儿童认为学校把提高升学率排在最重要的位置。随着年级的提升，持这种看法的儿童有增多的趋势，有40.2%的小学六年级学生，60.9%的初三学生，73.9%的高三学生持这种看法。将升学率放在最重要位置的学校，对学生的评价也必然集中在学习成绩上。评价指标的单一，不仅导致学校教育教学过程中，将过多的精力用在提高学生学业成绩的重复、低效，甚至无效的劳动上，而且使学生发展中许多真正重要的方面常常被忽视，限制了学生的全面发展，剥夺了孩子生活中的许多乐趣，也使孩子丧失了释放负面情绪，缓解压力的渠道。

第三，社会上扭曲的价值观念和舆论导向是导致“童年恐慌”的深层原因。社会普遍存在的一些浮躁心态和狭隘的成功标准给儿童带来了负面影响。如媒体对高考状元的热捧和对十几岁孩子考大学的宣扬，都将追逐“所谓”成功的压力直接对准了儿童，使儿童对未来望而生畏，内心恐慌不已。“不要让孩子输在起跑线上”这句口号，被广泛误导成竞争越早越好，完全背离儿童的身心特点和教育规律。据《中国教育报》和《中国青年报》报道，幼儿园教育出现了小学化倾向。天津河西区一所幼儿园已开始应父母要求教孩子用竖式算 3 位数的加减法，而这是小学二年级的课程。上海一所小学名校招生不到 300 人，报名达 3000 人之多，6 岁的孩子被父母逼着认识更多的字，解答更多的题。“橘、凳、酱、藕、墨”这些原在小学三年级才会学到的字，也出现在《学前 500 字》之中。毫无疑问，幼儿教育小学化是摧残童年的暴力行为。

捍卫童年解放孩子的几点思考

今天的中国儿童教育亟须来一场思想解放运动，因为以升学考试为中心的应试教育不仅严重损害了儿童的身心健康，也从根本上摧毁了他们的实践能力和创新精神。这对于一个民族乃至世界来说其后果都是灾难深重的。我们要举起捍卫童年的旗帜，把发现儿童、解放儿童和发展儿童作为儿童教育最神圣的天职。

一切都是从童年开始的。童年的快乐是一生快乐的开端，童年的不幸是一生不幸的源头。带着“童年恐慌”长大的孩子是难以获得幸福的。甚至可以说，许多人生的悲剧都可以从童年找到原因。

成年人与儿童的关系不仅仅是爱与被爱的关系，更不是因为爱就可以为所欲为，而是以法律为基石的关系。《中华人民共和国未成年人保护法》规定，18 岁以下的未成年人具有生存权、发展权、受保护权和参与权。儿童有权应当受到优先保护和特殊保护。因此，一切真心爱孩子的成年人应当成为儿童权利的捍卫者。

儿童当然是需要学习的，在儿童的发展权中，受教育权是首要的权利。但是，真正的教育尤其是现代的教育必定是以人为本的教育，必定是体现科学发展观的教育，而制造“童年恐慌”的教育必定是野蛮的教育，必定是违背儿童身心发展规律的教育。

爱的前提是尊重，没有尊重就没有教育。我们赞成学者卜卫的观点，教育的根本使命是“赋权”。赋权一词来自英文“empowerment”，其意义是“使拥有权力以及拥有使用权力的力量和能力”。这一概念受到国际上参与式发展思潮的影响。参与式发展思潮认为，应该对发展的主体进行反思，发展的核心动力应该来自发展的主体而不是外界的干预。“赋权”指任何群体或任何人能够支配自己的生活，制定自己的生活议程，获得相应的技能，建立自信，能够参与有关自己的问题解决的决策。当然，“赋权”模式不是儿童自己就能完成的模式，它需要广泛的社会认同和有力的支持。

快乐的童年是一生幸福的营养。儿童的成长是不能等待的，儿童的名字不仅仅是明天，而首先是今天。积极应对“童年恐慌”问题，捍卫孩子快乐的童年，是全社会的重大责任，需要一切关心下一代的人们紧急行动起来！

（本文原题为《“童年恐慌”，一个值得警惕的现象》，与赵霞博士合作完成。）

深厚的情感是健康人格最坚实的基础

父母1：您好，我儿子今年17岁了，我说话他听，但是我妻子说话他就不听，然后妻子就说我在中间挑拨离间，让儿子不听她的话。

孙云晓：17岁的孩子正处于青春叛逆、反应剧烈时期，很容易产生叛逆心理。如果父母不理解或不尊重他，他都不愿意交流，如果父母过于唠叨，他会顶撞。

爱的前提是理解和尊重，没有理解和尊重，再多的爱也让孩子难以接受。建议和爱人单独交流，调整态度，避免更多冲突。

父母2：我女儿今年10岁，很希望得到老师的关注，但是一直未受到重视，很失望，最近几次考试成绩都不太好。这孩子还有一个毛病，平时做作业时能做对，但是一到考试就出问题。

孙云晓：10岁左右的孩子是形成自我概念的关键期，这个时候非常关注老师和父母对自己的看法。因此，无论父母或老师都要善于发现和肯定孩子的优点，让孩子意识到"我是优秀的"。但是这种肯定不能空泛，一定要具体。比如，可以夸孩子的字写得好，某件事做得好，让她感觉到真实。同时，要保持和老师经常沟通，不要让孩子形成老师不关心她的观念。一般来说，老师对学生是没有太多偏见的，当然也可以向老师说明情况，请老师给予适当的鼓励。

写作业一定要检查，养成检查的习惯，不检查就不算完成作业。不要给孩子太大压力，努力就可以了，不要在乎每次考试名次的得失。压力越大，越不能正常发挥。要努力养成四个良好的学习习惯：一是上课认真听讲，二是独立完成作业，三是坚持课前预习，四是做到课后复习，其他的还有质疑的习惯等。

父母3：我儿子读初二年级，叛逆心理太强。作业不给父母看，父母要是看，他就全部写错。

孙云晓：改变教育要从改变关系做起，教育孩子要从尊重孩子做起。初二年级的孩子正值青春期的年龄，孩子现在的表现是特点而不是缺点，青春期有种封闭性，有自己的空间，房间不允许别人进来，书本不想让别人看，东西不想让别人翻等。这时候父母就不要去看，要理解、尊重孩子。

要引导孩子有自己的目标，恰当的计划，做到"人生有目标，做事有计划"，鼓励孩子为自己的目标去奋斗，从根本上解决问题。学习靠检查太被动，为实现自己的梦想而努力，才能解决动力问题。越检查，越对着干，什么效果都没有了，而越尊重越有利于教育。

父母4：您好，我儿子现在上四年级。我们从幼儿园起就教孩子拉小提琴，孩子乐感还好，但现在孩子不喜欢拉小提琴了。学了这么多年了，现在放弃太可惜了，真不知怎么办好。

孙云晓：相信大多数琴童都不会走专业道路。这就要求不要把兴趣活动变成一种折磨。你的孩子看来还是适合学乐器的，但是即使适合学习，在学习的过程中也不会完全顺利，会遇到很多问题，比如遇到不适合的老师、提高了难度、升级等情况时，都会给孩子带来压力。这个时候父母要降低对孩子的难度要求，不要强迫他学。要尽量给孩子增加一些成功的体验，多给孩子一些展示的机会。在学校、家里都可以给孩子创造一些表演的机会，要把学习的过程变成享受的过程。

至于现在要不要学下去，要和孩子商量，尽量鼓励他把拉小提琴当成一种兴趣爱好保持下去，可能一辈子对他都有益处。

父母5：我儿子今年13岁，上六年级，有点粗心，平时做作业时都会，但是考试的时候常常漏做题。最近两次考试，数学考得都不太好。

孙云晓:孩子经常容易过高或过低估计自己,自我认识水平有限,明明没有搞清楚,却以为自己搞清楚了。在学习当中一些概念没有真正搞懂,所以会做错题。考试漏题这个问题需要进一步分析,如果总是漏题,有些孩子是学习有障碍;如果只是偶然漏题,可能是粗心,在小学阶段男孩子注意力水平比女孩子低。要培养孩子养成一种审题和检查的习惯,但是训练要有科学的方法,培养良好的习惯,让他意识到好习惯让人终身受益,坏习惯让人终身麻烦。

孩子理解能力差,这不是缺点而是特点,可以让孩子学习下棋,可以把棋下得慢点,让他多想想怎么下,也可以允许他悔棋,但只能允许他悔两次,磨炼他的性子,让他知道一招不慎,全盘皆输,逐渐改掉做事急躁,顾头不顾尾的毛病,当然也可以通过练书法等其他方法来磨炼他,培养他缜密的思维习惯和全局意识。

父母6:我儿子8岁,上一年级。最近老师发现孩子上课不注意听讲,上课爱玩,我听了就想打他。

孙云晓:一年级的男孩子还没养成认真听课的习惯。要分析他上课不注意听讲的原因在哪里,被什么好玩的事情吸引住了,比如新买的铅笔盒、玩具、好看的衣服等都可能是他不专心的原因。有些孩子还没有形成认真上课的概念,要训练他的上课意识。大人的话小孩子有时候不明白,所以这种训练要具体,可以在家里进行反复训练,如上课要坐在座位上好好听讲,不能乱动等。培养他的学习兴趣,鼓励他专心致志的学习。对男孩子来说,要特别注意满足他对运动的需求。

我赞成犯罪心理学专家李玫瑾教授的分析,孩子在12岁之前如能形成对父母的依恋,对其健康成长具有决定性的意义。我之所以反复强调好的亲子关系胜过许多教育,也是因为深厚的情感是健康人格最坚实的基础。在当今时代,好父母特别需要与孩子共同成长。孩子特别需要鼓励,一定不能打,越打越糟糕。挨打的孩子有两种可能:一是你打他,他打别人,变成小霸王;二是你打他,他害怕,变成窝囊废。教育惩戒不是打骂，有很多方法，让他在沙发上坐10分钟哪里都不许去，想想自己错在哪里，不做作业不许看动画片等。

父母7：我儿子今年14岁，上课45分钟，他只能集中注意力20分钟，后面就不能集中注意力了，成绩时好时坏，老师如果看得紧的话他成绩就上去了，看得不紧成绩又下来了。进校时是前6名，期中考试变成前30名，期末又变成前20名了。

孙云晓：你的孩子智力可能很好，但容易开小差。中学教育要抓大放小，培养孩子自我管理的习惯。中学的孩子已经有梦想了，要发现他的目标、梦想，引导他进行具体的设计，为了实现梦想需要怎样学习。在家里经常和他讨论他有哪些梦想，想走什么道路，想上什么高中，要成为什么样的人，要抓住根本的方面，做很好的引导。

父母8：我儿子9岁了，做事情动作特别慢，做一件事你不催十遍他就不做。晚上放学让他玩半个小时，但他能玩一个小时，因为写作业很慢，现在就更没时间玩了，学习也没有激情，老师打电话说他上课不愿意多听。我们担心他的智力有问题，带他到医院检查，智商是128。

孙云晓：你孩子是一个超常的高智商的孩子，但是你的教育方法违反了儿童成长的规律。儿童每天至少要有一个小时玩的时间。如果能玩一个小时，他的学习效率可能会提高。儿童天性决定他必须要玩。不让他玩，于是他就在写作业时玩，又不敢真玩，于是就磨蹭。现在，孩子已经进入了恶性循环状态，这样下去会受到更大伤害。

父母要大智大勇，要解放孩子，让孩子过正常的生活，作业可以完不成，钢琴可以不练，但是必须保证他玩一个小时，才能让他的大脑活跃起来，不然，他的大脑处于疲惫状态，心理消极，会越来越厌学，乃至对生活失望。

没有时间玩和不会玩的儿童都一定是问题儿童。如专家所说，儿童教育不像工业，要像农业一样讲究规律，要有阳光、水分，施肥才能长得很好。改变孩子要从改变父母做起，改变学习要从改变教育做起，改变未来要从改变现在做起。学得不好不可怕，可怕的是厌学。要培养孩子的兴趣，一定要让孩子变得快乐起来。现在你的孩子进入了疲惫不堪状态，容易出现心理问题。

要改变这种状态，在写作业之前要让他痛痛快快地玩一个小时，双休日每天至少要拿出半天让他玩。

父母9：我是一所小学的语文教师兼班主任，我儿子在我班里上学。孩子比较依赖我，在班里有些霸道。这样会不会对他造成一些不好的影响？需不需要转到别的学校或别的班？孩子的父亲在部队服役，儿子天天跟我在一起，这会不会产生不好的效果？周末我给他报了很多辅导班，大多是男老师教的。这对孩子的成长是否有利？

孙云晓：教师的孩子比较难教育，因为他听妈妈讲道理听得太多了，他们“抗药性”强；由于教师地位特殊，他又很容易产生优越感。在小学阶段，教师有权威，孩子会觉得妈妈非常了不起，似乎自己也了不起，和别人不一样。如果孩子在自己教的班内上课，一定要一视同仁，甚至偏严一些。要让他明白妈妈对他的苦心。

把孩子转到别的班级或别的学校是一个明智选择。在一个公平竞争的环境中长大，对孩子更有益处。对于老师来说，如果班里有一个保送名额到重点中学，你会给谁？儿童是研究大人的专家，学生是研究老师的专家。这时你会发现这问题很敏感，难办，教育效果可能前功尽弃。如果转到别的学校，要和孩子好好交流，告诉他不是妈妈不爱他，而是对其成长有好处，让孩子心甘情愿接受这种安排，去体验一种公平竞争和独立合作精神。

有些独生子比较霸道，容易以自我为中心，这就要改变他成长的环境。儿童在成长过程中，父爱不可缺，妈妈照顾太多对孩子的成长不利，你周末给他报男老师的辅导班是对的，孩子经常与这些男老师在一起沟通，他们可以代理父亲的角色，实现性别角色的认同，认识男人的责任、特质等。同时也要让他爸爸多打电话与孩子沟通。

父母10：您好，我女儿上初三，学习成绩一般，最近与班主任较劲，关系不是很好，现在连考试都不敢考了，作业都让别人帮她做。怎么办？现在可以考虑给她换个班吗？

孙云晓：现在学生大都学习负担很重，厌学现象很多，初中阶段又是一个容易叛逆的时期，和老师关系不好就更容易叛逆了。作为父母要理解孩子，要面对现实，不要训斥她，要坐下来听听孩子有哪些难处，跟孩子谈心，听听孩子有什么目标、梦想，要让孩子相信，只要努力就会有出路，但是这种鼓励要具体，比如问她想上职业高中还是普通高中，为了达到这个目的应该怎么做，要跟孩子把实际情况分析一下，对自己的未来有个清醒的认识。

还有三个月就要中考了，这个时候换班，要重新面对陌生的环境和同学，对考试是不利的，等到升入高中就不会面对以前的班主任了，可能会有一个新的开始。

（孙云晓在安徽《新安晚报》热线答10父母问）

第三章

|应试教育必然导致教育荒废|

孩子的健康人格重于泰山

应当尊重儿童的四大权利

新浪观察:最近教育界发生一些事受人关注。一件是辽宁海城学生集体中毒事件,另一件是重庆市某中学生因模仿罗纳尔多的"阿福头"而被学校停课事件。摩罗先生在中国学生权利状况报告中指出,中国学生的权利状况不容乐观。您对此作何评价?

孙云晓:中国政府在1991年批准履行联合国《儿童权利公约》(针对18岁以下任何人)。《儿童权利公约》规定,任何人一生下来就享有生存、发展、受保护和参与的权利。就是说,要尊重孩子的生存权、发展权、受保护权以及参与家庭、文化和社会生活的权利。但我们的一些老师由于自身缺乏法律意识,不把学生当人看,而使得学生的各种权利常常被侵害。多少青少年是带着创伤长大的,个个都是伤痕累累。很多侵权事件,就是在教育者普遍的法律意识淡薄下发生的。上述两件事情中,学生的权利肯定都受到了侵害。模仿明星本来就是青少年的正常行为,而且是积极向上的行为。采取这样的手段对待学生,会使得学生思维混乱,对教育理解产生偏差,而最直接的是自尊心受到打击,产生厌学情绪,受同学冷落,自卑等。海城事件也是典型的侵权事件。因为学校为学生购买食物,就要保证其质量与品质。质量得不到保证而对学生造成伤害,甚至威胁到生命的,肯定是侵权事件。学校也可以说这与他们无关,是食品供应商的事,那学校可以再找供应商进行索赔,并请求立案。但责任是不能推脱的。

新浪观察:像上述"阿福头"事件,有人认为老师是按照学校的相关校规和制度在进行处罚，不算侵权。这样的解释是否合乎情理？

孙云晓：不合乎情理。因为这剥夺了学生的受教育权利，这种权利是法律所赋予的。任何学校的校规都不可以和法律相违背。北京市教委出台的《中学生行为规范》中，删掉了“禁止男生留长发，女生佩戴饰物”的条款。这是以依法执教为依据所做的改动，因为这些行为不是法律禁止的行为，所以不能把法律未禁止的行为用规范的形式来禁止。行为规范是规范学生行为底线的，是人人都要做到的。对于这些问题，可以用审美的方式或道德讨论的方式来解决。

新浪观察：中国俗语中历来有“棍棒底下出好人，不打不成才”之说。而在教育中也常有体罚事件被曝光。调查显示，在各中小学的侵权事例中，体罚是比较普遍的教育手段。您如何看待这一现象？

孙云晓：受传统观念的影响，体罚学生是一般教师最容易犯的错误之一。可是，从来没有任何人给予教育者以体罚学生的权利，没有说学生在这里受教育就要受教师打骂的。体罚学生是一种和法律相抵触的侵权行为。学生的这种权利是写进《未成年人保护法》的。法律有明确规定，对未成年人不能打骂、侮辱，情节严重的是犯罪。如果面对的是大人，你还会打，你还敢打吗？仅仅因为他是个孩子就下得去这样的狠手？试想一下，如果是成年人在公司里因为表现不好而受老板打骂，会是怎么令人震惊的事情！为什么发生在孩子身上就理所当然呢？作为教育工作者，这是严重的侵害学生权利的违法行为，应受到严厉谴责和相关法律制裁。而我们往往也很容易发现，对学生采取体罚往往达不到教育的目的，甚至和教育的初衷越走越远。

学生犯错误往往是出于好奇或无知，有些时候也与控制不住自己有关。作为学生本人，犯了错误常常惊慌失措，以为从此得不到老师和同学的喜欢和信任，而心存后悔。优秀的教育者会发现，学生犯错误的时候，常常是教育最有效果的时候。既然一切手段都是为了教育，自然应选择最佳手段，争取最佳效果。在学生犯错误时，教育工作者可以首先给学生以申诉权，让他从容地讲明错误是怎样发生的，其次，帮助学生认清错误的性质及危害。学生在这个过程中可以得到真正的成长。在如此变化的前提下，老师采取适当的惩罚手段，学生也比较容易接受。我接触到的有些优秀老师在必要的时候，甚至为孩子的错误保守秘密，以免孩子的自尊心受到伤害。在这种情况下，犯错误的孩子一般都会吸取教训，加倍努力，对老师心存感激，从此师生建立起良好关系。因此可以说，宽容有时比惩罚更有力量。

"一日为师终身为父"的观念对吗

新浪观察：多项调查显示，学生和老师的关系比我们通常想象的更为微妙和紧张。很多学生明确表示不喜欢他们的老师，认为管得太多了。而许多老师在师生关系上似乎更喜欢"一日为师终身为父"这句俗语。您怎么看这种情况？

孙云晓：从中国的传统文化来看，因为有"一日为师终身为父"这种观念的存在，老师认为自己可以主宰学生的一切。所以，几千年来老师和学生的地位就是不平等的。老师是教学过程中的主体，学生是被动者，是附属，甚至老师是主子，学生是奴才。从现代教育的目的来看，老师和学生应该是平等的关系，而非人身依附的类似主子和奴才的关系。教育最终可以用 12 个字来概括，即"发现孩子，解放孩子，发展孩子"。孩子是一个具有巨大潜能的权利主体，具有很大的创造力和潜力，成年人不但不应认为自己比他们高明，更应带着敬畏的眼光去看他们。

教育的目的是促进人的发展。在教学关系中，学生才应该是主体，是主人。我们在研究 21 世纪的师生关系时发现，师生间如果形成"相互学习共同求知"这样的关系是最为有利的。怎么解释呢？因为现在的学生在很多方面都具有优势。比如信息的掌握和吸收，就比成年人更有优势。过去我们讲"三娘教子"，现在可能要改成"子教三娘"了。把学生当成主人或是奴才，这是现代教育的观念问题。广大教师能否转变观念，能否恰当地处理事情，能否一视同仁地对待班里的每一位学生，能否使学生的权利得到公平的体现和保障，关系到是不是会伤害学生尚且脆弱的心，关系到学生对人生观、世界观乃至对生活道路的选择。

新浪观察：许多习惯于对学生“干涉”和“惩罚”的老师可能会对指责有特别的委屈，因为他们普遍认为“那都是为了学生本人好才那样做的”。您对此作何评价？

孙云晓：我完全可以理解这些教师的委屈，但我不得不说他们是糊涂的。我一向认为，教育的核心不是传授知识，而是培养健康人格，或者说教会学生做人。还有一句话讲的是，“一切现代教育，都是为了打开孩子的想象之门，帮他们摆脱束缚从而健康成长。”这是一切教育者教书育人的前提和根本目的。我不是不赞成对学生的错误进行惩罚，我曾说过一句话是“没有惩罚的教育是不完整的教育”，但究竟应该怎么惩罚学生，有些“错误”是否就应该我们去惩罚，这是做老师的需要思考的问题。如果真的是为学生们好，老师们在对学生进行种种干涉和惩罚时应该先考量这个标准再行事不迟。像一些老师惯常用的体罚就是完全不正确的方式，说得严重点，不仅侵权了而且是在违法犯罪。试问这样做还能培养出什么健康的人格来？现在大家都在谈论大学生素质与心理问题，实际上今天的大学生们就是昨天的中小学生。这与他们在中小学的成长经历或多或少存在着关联。长期处于这种环境下，不仅不能形成健康人格，而且还会极度厌学。我们曾对在校学生做过调查，调查显示小学只有 8%、初中只有 11%、高中只有 4.3%的学生是因为喜欢读书而上学的。就是说，厌学的情况相当严重。而另一项调查则显示，有 21.4%的孩子难以从老师那里得到肯定和鼓励。调查结果显示了一个不可忽视的危机。那么，老师为什么不肯对 21.4%的孩子露出笑脸呢？公平一点讲，绝大部分老师恨那些孩子不争气、学习成绩差或者不遵守纪律等等。但老师的偏爱一部分学生而漠视甚至歧视另外一部分学生的做法，是不科学的、不道德的，对那部分受到老师歧视的学生，常常会发生权利侵害事件。采取种种高压手段管制学生，不仅剥夺了学生应有的权利，而且还会给学生身心带来创伤，产生种种负面效应，使教育脱离了其本身的目的，实在是得不偿失。

考试分数是学生的隐私

新浪观察：今天我们在谈论学生权利的时候，还会记得几年前您关于“分数也应该是学生隐私”的呼吁。学生们中流行“分，分，学生的命根”的说法。把分数作为个人隐私保护会产生什么积极影响？

孙云晓：通常我们理解的侵犯隐私权包括偷看学生信件，偷听学生电话，偷看学生日记等行为。如果老师和父母这样做了，学生们通常会意识到这是在侵害自己的权利。后来我提出“分数也应该是学生隐私”的观点，即把考试分数作为学生的一项个人权利来尊重，而不是进行通常的排名。这里又涉及我们到底应以什么样的人才标准教育下一代的教育观念问题。重智轻德是我们最不可忽略的教育原因。许多发达国家早已将学生的学习成绩视为个人隐私，而隐私自然是不能公布的。我想，这不仅仅是一种教育艺术，更重要的是对学生人格的尊重，是对他们自尊心的保护。以前，每次考完试，都要把分数排得直到一些学生无地自容。把分数这种学生极其隐私的东西公布出来，除了一次次挫伤其自尊心，还有什么作用呢？无论学生成绩高低，都应该保护其人格尊严。不过我们也高兴地看到，现在由于提倡应试教育向素质教育转变，许多学校已不再按考试分数排名了。学生分数已和信件、日记一样，成为学生的一项隐私权受到了相应的保护。这对学生健康人格的培养是很有好处的。

新浪观察：就是说当学生的一般权利得不到保障和体现时，这种成长往往会使他们不能获得健康人格。那么健康人格对一个孩子究竟意味着什么呢？

孙云晓：一个孩子乐观自信，不怕失败，活跃而有创造力，我们会说“这个孩子具有健康人格”；若一个孩子没有安全感，常常自卑，或经常主动攻击他人，我们会说“这个孩子可能有人格障碍”。许多人成年后深深的自卑感或懦弱习性，有的还对他人和社会有很强的攻击性，往往发源于他们童年的失败感，而且这种心理创伤往往是成年以后还难以愈合的。只有在青少年时期被人尊重，孩子才可能获得自尊，并可能学会尊重别人，而自尊和尊重他人是健康人格的首要条件。因此，对教育工作者来讲，对学生自尊意识和自尊心的维护是十分重要的，更应当给予保护。

如何看待“生死协议”

新浪观察：前一阵媒体刊登的某学校组织小学生们外出春游，为了确保意外责任的归属，和小学生们每人签署了一份“生死协议”，引起了争论。很多人认为学生在学校享有人身安全的权利。这样做是学校逃避责任的做法。

孙云晓：这是我们关于学生权利的一个普遍的认识误区：即学校是学生的监护人。而事实上学校不是学生的法定监护人。学校组织学生外出活动，发生了非学校或老师方过错的意外事故，这样的结果是不应该让学校来承担的。最近深圳一名学生在学校上体育课，因为自己不小心而摔伤了脾脏。父母向学校提起诉讼，认为学校伤害了学生的健康生命权，要求赔偿300多万。而对于无过错方的学校来讲，这笔赔偿既是一个公立学校无法承受也是不应该承受的。不是说学生的权利不应该维护，而是说采取的方式和针对的对象不正确。类似的情况在日本也有，但他们的处境比我们好。一是日本国家统一出钱为学生买了保险。当出现意外情况，对学生的生命健康造成损害时，会由相关机构进行调查和理赔。另外由于法律意识较强，日本学生父母知道出了这样的事件后，应该找保险机构替子女讨回应有的权利赔偿。在国内，此类事件中的学生权利要得到体现和保障，我们还有许多工作需要完善。

新浪观察：在采访的最后，请您就学生权利的进一步确实保障和得以实现说说您的看法。我们还有哪些工作需要做？

孙云晓:第一,教育者要依法行教,而学生要依法行事。这是广大青少年在校生权利得以保障的根本出发点。作为教师必须要清楚自己的哪些行为可行,哪些行为不可行,或者哪些行为是侵权甚至违法的。第二,教育者进一步转变观念。教育的目的是什么?是教会学生做人,培养下一代的健康人格。教育工作者如果不能明白这一点,不能摆正自己在教学关系中的师生关系,仍然觉得自己是学生的统治者,那就大错特错了,不但学生权利不能得到体现,也背离了教育的初衷,舍本逐末了。第三,师生之间,父母和女子之间进一步加强沟通。沟通是教育中一种十分有效的手段。师长学会倾听,学生学会倾诉,进一步加强相互之间的了解,更有利于教育中各种问题的解决。第四,学生自我权利意识的培养。中国的传统文化与社会环境使许多学生对自己具有哪些权利并不十分清楚,因此,对哪些行为是侵害自己的权利了,哪些行为没有侵犯自己的权利不能进行分辨。在这种情况下,老师和父母应该告诉他们,并进一步培养他们的权利意识与自我保护意识。比如,学生对于自己不认可的处罚与侵权,具有陈述权与申辩权,让学生知道利用这项权利后也许能帮他们改变不好的处境。比如最近大家都知道的 51 名小学生向校长联名申诉的事情,就是自我权利维护的一种体现,值得鼓励。

中国孩子为何不敢冒险

2001年4月7日11时02分,美国终于将重达758公斤,大小如同一辆小轿车的"奥德赛"火星探测器成功送上太空,从而打开了火星探测工作的新局面。

火星是地球的近邻,火星绕地球一周的时间是687个地球日,火星和地球相互接近的时间间隔是2年零50天。火星和地球一般距离在8000多万公里以上。从地球飞往火星,单程需要近一年的时间。

然而,2001年5月底在旧金山举行的一次研讨会上,美国航空航天局植物学家麦基提出:应该把一颗玫瑰的种子送上火星,看看能不能开出一株玫瑰花。他说:"我希望只利用火星上的阳光、泥土和营养素,让玫瑰花在那里发育、生长、开花。"

这是人类一个多么浪漫的计划!如果没有丰富的想象力和大胆的幻想,怎么会敢于如此设计?可见,想象是人类飞翔的翅膀,是我们获得自由的条件。

那么,我们的下一代想象与幻想的能力如何呢?

2001年6月9日,我国"城市儿童想象和幻想研究"成果在北京发布。作为这一课题的策划人和负责人,我一直在思索该项研究的一个发现,即从小学三年级到初中二年级,中小学生的创造倾向发展趋势明显,但他们的好奇心强而冒险性弱。显然,这是一个值得关注的发现。

这项研究从1999年4月启动,历时两年,研究人员采用随机整群抽样的方式,对我国北京、上海、重庆、沈阳、南昌、郑州6个城市的共1888名中小学生进行了问卷调查。被调查者共分布于7个年级,即小学的一、二、三、四、五年级和初中的一、二年级。

想象力是人的创造力的本源之一。为了解我国中小学生想象力的发展状况和特点，课题组采用美国著名创造力教学研究专家 F. E. 威廉斯编制的创造倾向测验，对中小学生进行了测查。该测验包括 4 个维度：好奇心、想象力、挑战性和冒险性。在调查中，考虑到被调查者的理解力，从小学三年级到初中二年级的 1370 名学生参加了此项调查。统计结果显示，从 4 个维度的平均得分看，好奇心的分数最高，为 33.5；而冒险性的得分最低，为 24.8；挑战性和想象力的得分分别是 27.4 和 28.3。

专家指出，好奇心强反映出儿童喜欢探索新奇事物的心理，而冒险性弱，说明儿童对于那些打破常规、与众不同的想法和行为心存疑虑，闯劲不足，缺乏进一步实践的勇气。21 世纪是一个崇尚创新能力的社会，想象力和幻想力强的人才将会越来越受到人们的青睐。学校和家庭不仅要激发儿童的好奇心，还应注意鼓励儿童具有创新的勇气和求新求异的实践探索。

这个发现使我想起了另一项调查发现，即发现“胆小”已成为当今小学生最突出的缺点，至少有 31.2%的小学生承认这一点。

1996 年春天，为了进行全国少年儿童思想道德文化状况的调查，我们在 3 月 20 日星期三的《中国少年报》上，刊登了“让我们都来了解自己”的调查问卷。10 天之内，共收到来自全国各地（除港澳台、西藏）小学生 16350 份答卷。问卷中有一题：“每个人也都有缺点，那么，你认为你的主要缺点是什么？”回答“胆小”的人数绝对占第一位，高达 31.2%。另外一题：“每个人都有优点，那么你认为你最值得骄傲的优点是什么呢？”回答“有毅力”的占倒数第一位，比例为 8.9%，而回答“勇敢”的占倒数第二位，比例为 11.1%。由此得出结论，胆小已经成为当今小学生最突出的缺点，值得引起关注。

那么，孩子的胆小都有哪些表现？有什么危害？又是什么原因造成的呢？

这两个发现或许表明，中国孩子胆子小不敢冒险，既反映出成长过程中的某些特点，也表现出较为普遍而稳定的缺陷。然而，其严重性并未引起国人的重视，更未采取有效措施去解决，而这是真正的危机所在。

著名儿童心理学家陈会昌教授，作为儿童想象力研究的课题组长，在分析中提出了更深层的论断。他说：

> 据国外权威心理学家的研究，犹太人和东亚人的一般智力是世界各民族中最高的，我国中学生在世界奥林匹克数理化竞赛中屡屡获奖就是证明。但华人获得诺贝尔奖的人数只是犹太人获奖人数的二十八分之一。原因在哪里呢？我分析了一些诺贝尔奖获得者的心理特点，发现他们具有以下几个共同特征：(1)对自然界和科学现象具有广泛而深刻的兴趣；(2)从小具有一种自发的探索精神和强烈的想象力；(3)具有强烈的自我成长动机和成就动机；(4)高度的创新性、独立性和求异性；(5)具有反潮流精神，不追求物质利益；(6)刻苦、顽强、百折不挠的精神。
>
> 但是我们的传统文化和教育除了支持上述第6点(如“十年寒窗苦”，“头悬梁，锥刺骨”)之外，对其他5点并不提倡。我们的传统文化鼓励顺从听话，而不鼓励独立见解；鼓励中庸、随大流，而不鼓励竞争、冒尖；鼓励稳妥可靠，而不鼓励异想天开；鼓励“心往一处想，劲往一处使”，而不鼓励个人的独特性；鼓励儿童把成人的兴趣当成自己的兴趣，而不保护和激发儿童天性中潜在的兴趣和求知欲。

我赞同陈教授的观点，并愿意试着找出更具体的病因。

我想，应试教育的评价体系可能是导致中国儿童胆小的第一因素。儿童天性有“亲师”倾向，大都渴望得到优良的成绩，并因此得到教师和父母的欣赏。可是，在应试教育评价体制下，一切都有标准答案，学生不敢越雷池半步。长大一些，他们更感受到标准答案的威力，离开了得分点，就离开了高分，而失去了高分，就失去了进入重点学校的机会，进而失去了谋生的捷径！试想，谁还敢大胆想象？更何谈什么幻想！

雪化了变成什么？一个孩子回答：“变成了春天！”这个回答是多么富有想象力，又是多么富有艺术性，可居然被判为零分，因为标准答案是“雪化了变成水”。

树上有5只鸟，被人用枪打死1只之后，树上还剩下几只鸟？一个孩子回答：“还有3只。”老师愕然:“怎么可能?”孩子解释:“爸爸被打死了,妈妈吓跑了,剩下3个孩子不会飞。”这是一个充满情感的回答,又是一个极现实的回答。可是,这也不符合标准答案。

在经历了无数次“标准答案”的教训之后,中国孩子学乖了,学会了死记硬背,学会了“集体失语”,学会了“从不提问”,久而久之必定成为胆小如鼠的“分数机器”。

我的眼前浮现出一幕可怕的景象:生机盎然的田野里,百花争奇斗艳,野草自由生长。突然,一台又一台巨型的推土机隆隆开来,将百花野草连根儿铲掉。随后,又开来一台台庞大的轧路机,将蓬松的土地轧得平整坚硬。然后,造出一座座所谓的城市,摆出一束束的假花,却标榜“现代”和“一流”。

这不就是我们经历过的教育吗?岂止于教育?生活中的一切都“应试化”了。

我深信:教育的核心是人,而不是知识,更不是分数。可是,我们的教育常常是“无人”的教育。对人的不尊重,对想象与幻想的蔑视,俯仰皆是。

当然,导致孩子胆小还有许多原因,如父母的溺爱、包办代替,使孩子失去体验的机会等等。但是,最重要的原因还是评价体系。

我建议教育教学改革家们,在幼儿园和小学、初中阶段,尽量将标准答案改为参考答案,并对那些创造性答案给予激励。也许,这一改革会解放孩子的想象力与幻想力,从而造就出有创造能力的一代新人。

当然,高考比较复杂,改革应当慎重,但同样应遵循鼓励创新的原则。**高考改革的核心目标是将应试教育的指挥棒变成素质教育的指挥棒。**

当应试教育彻底变为素质教育的时候,中国孩子将拥有更强悍的胆魄,中国人的想象力与幻想力必将得到进一步解放,创造力犹如滚滚长江奔腾不息。那时,一个真正的现代化强国,将成为我们每个中国人的乐园。我们热爱的祖国,不仅仅因为强大富有令人骄傲,更因为自由幸福让人眷恋。

用钱能买到的东西都是便宜的

曾有一所私立学校采取了一种特别的做法，居然给中小学生干部发工资，据说是为了激发学生的竞争精神。当中央电视台的记者请我发表看法时，我对这种做法表示反对，理由是当学生干部与求职挣钱是性质完全不同的工作。当学生干部是公益事业，是培养责任意识和服务能力的一种途径，不宜用金钱作为激励的手段。显然，在这件事情的背后，是金钱至上的观念在起作用，这是对学生的误导。

学生中间也屡屡发生与金钱有关的事情。例如，有人花钱请人帮助自己写作业或值日，也有人在学校里倒卖东西，甚至还有人用金钱来拉选票等等。这些都是不适合学生发展的行为，因为学校不是商场，学生不是商人，追逐金钱或炫耀金钱都会扭曲学生之间纯真的关系，是对金钱作用的误解。

那么，是不是说金钱就是坏东西了？自然不是，全世界的人都渴望多多挣钱，因为一般来说，金钱是人们劳动价值的体现，有了钱才能过上自由富足的生活。从这个角度说，金钱就是天使。但是，世界又是复杂的，金钱不完全是劳动价值的体现，坑蒙拐骗或依靠色情暴力等等也可能获得金钱，并且有可能用钱奴役一些人做坏事。如果从这个角度说，金钱就是魔鬼。

金钱到底是天使还是魔鬼，取决于人们的金钱观。我的金钱观是：第一，要做金钱的主人，不做金钱的奴隶；第二，君子爱财取之有道；第三，把金钱用成善款，善待自己，善待他人。概括起来说，有钱固然是重要的，但绝对不是最重要的。著名教育家叶圣陶先生的孙女叶小沫曾经与我同事多年。几十年过去，我记忆最深的是她背诵一句美国作家的话："用钱能买到的东西都是便宜的。"人生的经验会让我们反复验证这句话是真理。

不可否认，人们有时会被没有钱难住。尤其是少年时代，尤其是贫困地区，可能会被暂时缺少几十块钱甚至几块钱逼得寝食不安。河北一位小学生竟然因为交不起一块八毛钱的罚款而自杀身亡。但是，如果仔细想想或许会发现，真正起决定作用的不是钱而是心理健康的金钱观。对于中小学生来说，没有钱不是丢人的事，暂时不会挣钱也并非缺点，只要有生活和学业的保证，只要勤奋学习，全面发展，就充满希望。

（此文刊载于《半月谈》杂志）

每个孩子都是一个独特的世界

孩子的问题一定是有原因的

孙云晓对所有人说:各位网友,晚上好!欢迎大家来到孙云晓聊天室,今晚除了大家聊各自关心的问题,我愿意和大家深入探讨一下“警惕教育荒废”的问题。

无助的母亲对**孙云晓**说:孙老师,我的儿子今年上初二,从小学到现在他始终都没有好的学习习惯,做作业的时候不能积极投入,总是磨磨蹭蹭。(包括吃饭哪怕是上学要迟到了,他都不着急,总是慢慢吞吞。)在学校上课他根本不愿意听讲,整个小学阶段没有做过课堂笔记。语文考试从有作文开始,他没有一次能把作文写完整的(期末考试他的卷子从来没有做完过)。

孙云晓对无助的母亲说:只要有信心,就会有办法的。

无助的母亲对**孙云晓**说:谢谢您的鼓励!可是我真的觉得好无助。

孙云晓对无助的母亲说:一把钥匙开一把锁,首先要找到你孩子问题的原因。你是否清楚原因呢?

无助的母亲对**孙云晓**说:我不是很清楚。希望您帮我分析并且找出原因。我现在把他的情况大致给您介绍一下吧。从初一下学期开始至今,我们与家教老师与他进行了多次谈话,沟通思想,威逼利诱,手段用尽了。他自己也表示要认真学习,可是到了学校,他根本就不认识他自己了,把自己的承诺、父母及家教老师说的话都丢到九霄云外了!

孙云晓对无助的母亲说:孩子的问题往往有复杂的原因。比如,生理方面的,学习基础方面的，与父母、老师的关系等等，都可能影响他的发展。

无助的母亲对**孙云晓**说：无可奈何的情况下，我只能选择棍棒教育。他这才断断续续地做了一些上课笔记，成绩稍有提高，但并不理想，期末考试成绩是：语文 26 分，数学 41 分，英语 44 分，科学 65 分。老师在上面讲课，他在下面发呆。因此导致家庭作业不会做，后经家教老师辅导把作业做完了，可是他到学校却又不交给老师。

孙云晓对无助的母亲说：帮助孩子要帮助到重点上去。如果他的基础太差，就要从基础补起，否则他是跟不上进度的。打骂不是好方法。

无助的母亲对**孙云晓**说：除了学习之外，他是一个很善良，很有同情心，很有礼貌，很可爱，很单纯的一个人，反应也快，在没有学习压力的时候，脸上总是挂着笑容。但是因为学习，他也学会了撒谎，渐渐让我们和家教老师对他失去了信任。我们做父母的看在眼里，急在心里。请孙老师给我这个儿子出出主意吧，帮帮我的孩子也帮帮我们吧！知道您今天晚上要来，我昨天就把我想要说的话都准备好了。真的是麻烦您了！

孙云晓对无助的母亲说：孩了的问题 定是有原因的。他的智商如何？学习是不是有些生理方面的障碍？在我的博客“为您服务”专栏里，有关于学习障碍的专家咨询电话，你可以试一试。

无助的母亲对**孙云晓**说：智商是正常的。他很会撒谎，可以眼睛都不眨一下就是一句谎言！

孙云晓对无助的母亲说：学习成绩差的孩子不等于品德不好，品德好的孩子也可能学习困难。对这样的孩子要多鼓励，学习上要求不要太严。孩子撒谎常常是被逼出来的。

无助的母亲对**孙云晓**说：但是我这个孩子只要一鼓励，马上就会飘飘然。而且鼓励以后的结果总是比鼓励之前还要差。小时候他做过检查，诊断出有多动症。

孙云晓对无助的母亲说：多动症的孩子是难以控制自己的，要加大他的运动量。无论表扬或者批评都不能笼统地进行，而要讲科学的方法才会有效。我想，你孩子需要的是非常具体的帮助。千万不可急躁，一着急孩子就什么也做不成了。

无助的母亲对**孙云晓**说：可是他的动作太慢了。别的孩子两个小时可以完成的作业任务，他要花十几个小时。

孙云晓对无助的母亲说：没有一个孩子不想学好，他一定是碰到了困难。任何方法都必须从你孩子的实际出发，才会有效。千万不要和别的孩子比，因为基础不同。

适合的教育才是最好的教育

无助的母亲对**孙云晓**说：课堂上英语听写的成绩，他也敢不拿回家，或者根本就不交给老师，作业也不交。考试得分 20 分他也无所谓！

孙云晓对无助的母亲说：恕我直言，任何一个有问题的孩子，都生活在一个有问题的家庭，所以，改变孩子要从改变父母和家庭环境开始。

。无助的母亲对**孙云晓**说：而且感觉他好像就是没有自尊心一样，我和他爸爸都是要强的人，可是不知道这孩子怎么会这样。

孙云晓对无助的母亲说：你们只是在抱怨和训斥，是否能听一听孩子的心里话呢？听一听他到底碰到了什么困难，他需要什么样的帮助，也许这才是解决问题的开始。

无助的母亲对**孙云晓**说：但是他很会心疼我，对我还是很孝顺的，而且经常讨好他爸爸。你说什么他都明白，可是他就是做不到，而且很多他做不到的事也会答应去做。

孙云晓对无助的母亲说：你孩子真是一个好孩子。他的这些优点非常珍贵，是他一生的希望，应当给予真诚的赞扬。

无助的母亲对**孙云晓**说：是啊。这孩子除了学习成绩不好，在学习上自尊心不强，不自信之外，其他都还好！

无助的母亲对**孙云晓**说：他表哥带他去打球，他也不能好好打。他打球的时候总喜欢看别人。

孙云晓对无助的母亲说：谁都有不擅长的方面，也许是不适应，也许是多动症的反应。父母的责任是鼓励和耐心指导。如果总是挑剔或训斥，就会使孩子变得越发无能。

无助的母亲对**孙云晓**说：我好想让他在学校能控制自己，认真听讲，好想培养他的自信心。可是我却无能为力。

孙云晓对无助的母亲说：我能感觉到你对孩子的焦虑。这种焦虑的心态会使孩子生活在不安之中，建议您多对孩子微笑，让他生活得轻松一些。学习成绩差一点的孩子，长大了也不一定就没出息。如果您总是提出一些孩子做不到的要求，孩子怎么能让你如愿呢？他的自信心又怎么可能树立起来呢？

无助的母亲对**孙云晓**说：可是这些要求都是一个学生该做的呀。读初二了，他还不喜欢做笔记。其实我们的要求一点也不难，就是上课做好该做的笔记，上课能听讲，然后做作业的速度快点。我们也没有给他布置课外的作业，可是他为什么就不能完成呢？

孙云晓对无助的母亲说：冰冻三尺非一日之寒，多年养成的不良习惯怎么会突然就改好了？你们对孩子的要求是不适当的，而适合的教育才是最好的教育。

无助的母亲对**孙云晓**说：在教育孩子这方面，我和他爸爸一直都有分歧。他的观点就是学习不好可以，但一定要有个好身体，我的观点是没文化就是不行。有时候作业到了晚上做不完，他爸爸就让他睡觉，而我就不让。

孙云晓对无助的母亲说：如果孩子没有能力完成作业，让他安安稳稳睡觉，就是最好的选择。今天不会，明天可能就会了。但是，今天晚上不睡觉，明天就很难学习好。

无助的母亲对**孙云晓**说：要是做不完作业就让他睡觉了，第二天的作业他还是做不完。因为他根本就不想做作业。明明是要求背诵、默写课文两遍，他就可以写成抄写两遍。真的是很让我生气。

孙云晓对无助的母亲说：你们觉得不难的事，对孩子来说可能就是很难的。一定要让孩子看到自己的优点，这是他的希望所在。

无助的母亲对**孙云晓**说：这个我们也知道。但是只要一夸奖他的优点，这孩子马上就飘飘然起来！

孙云晓对无助的母亲说：飘飘然也比自卑好，因为飘飘然说明表扬有作用，需要进一步的引导。

无法改变自己就无法改变孩子，认不清自己也就认不清孩子

无助的母亲对**孙云晓**说：这孩子因为学习成绩不好，在学校，老师和同学都瞧不起他。英语老师甚至直接说要放弃对他的教育。他坐在教室里往窗外看，班主任还过来问他是不是想跳楼。作业完成不了，老师就让他罚站到教室后面。而我的孩子视力又不好，在后面根本就看不到黑板。所以他经常又以这个为幌子，说笔记不做是因为在教室后面罚站。

孙云晓对无助的母亲说：这就是恶性循环。从问题家庭到问题学校，再到问题社会，这是许多孩子走向歧途的路线图。建议你们与学校教师多沟通，共同营造有利于孩子成长的环境，因为人是环境的产物。

无助的母亲对**孙云晓**说：我们和老师沟通了很多次了，可是老师根本就不以为然，说这么多学生他能都照顾吗。

孙云晓对无助的母亲说：你的孩子学习上的确有障碍，但更大的障碍是亲子关系和师生关系，这两者是密切相关的。片面地指责孩子是很不公平的。

无助的母亲对**孙云晓**说：怎么能克服这样的障碍呢？不过就像我刚才说的一点，

他对我又很好，对我很是关心，但是就是在学习上很让我着急。我到学校去找老师沟通，英语老师说他根本就没有自尊心。孙老师，面对就这样的学习环境和老师，我该怎么办呢？

孙云晓对无助的母亲说：如果你不想改变自己，你就无法改变孩子。如果你认不清自己，你也就无法认清你的孩子。

Zuochunyan 对无助的母亲说：我建议您给孩子换个环境。

无助的母亲对**孙云晓**说：可是现在这个学校又是重点中学。好多孩子想进都进不去啊！

孙云晓对无助的母亲说：对孩子来说，是不是重点学校似乎不那么重要，学习越差的学生越不适当重点学校，重要的是解决他自己的问题。

无助的母亲对**孙云晓**说：我们也没有去强调这是重点中学。可是那里的老师对他的帮助实在是很少。他每天在学校的学习成果在我看来简直就是空白。我现在给他请了两位家教老师。

孙云晓对无助的母亲说：你们的确为孩了做了许多，却没有进入孩子的内心世界，没有让他内心的发动机转起来。这是根本的缺陷。

无助的母亲对**孙云晓**说：我这次请的家教老师还是比较有方法的，但是最后还是没什么起色。他们什么方法都试了：动之以情、晓之以理，威逼利诱，什么手段都用了，就是没用。按理说初二年级的孩子也该懂点事了啊！

孙云晓对无助的母亲说：家教老师只对想学习的孩子有效。如果孩子不想学习，再好的家教老师也难以起作用。

无助的母亲对**孙云晓**说：可是至少他们比我有办法。但是问题是在学校里面，根本就没有老师管他。不交作业的话除了数学老师要求罚站外，其他老师根本就不管。

孙云晓对无助的母亲说：抱怨别人虽然可以理解，不如从自己做起，更为有效。

无助的母亲对**孙云晓**说：是的。这个我也明白，我只是希望老师和父母一起双管齐下来管教他，才能让孩子觉得没有空子可钻。非常感谢孙老师今晚的指点，我已经把今晚的聊天内容都记录下来了。

从一个好习惯的养成体验到成功的快乐，是孩子转败为胜的开端

Zuochunyan 对**孙云晓**说：孙老师您好，我虽然一直浏览着您的网站，但是赶上聊天时间与您交流却是第一次。真是庆幸。最近我正苦恼孩子的教育问题，借此之际请您指教。

孙云晓对 Zuochunyan 说：欢迎你把苦恼说出来。我们大家一起分析，我相信办法总比问题多。

Zuochunyan 对**孙云晓**说：我一直知道北京海淀区的教育比较好，就花钱请人帮忙把孩子送了进去。老师的确很负责任，前三年还算顺利，可是这学期刚开学，老师已经给我打过三次电话了，本就慢性子的孩子现在多次完不成作业。尽管我天天检查作业，可是他根本不把作业记录下来。我很无奈。孩子语文识字能力较弱，最近这个问题比较突出。原先就有的丢三落四的毛病也日益突出。

孙云晓对 Zuochunyan 说：你的孩子多大？我与刚才那位无助的母亲交谈，有些内容也适合你。重要的是找到原因，对症下药。因为孩子的问题往往是从困难开始的。

Zuochunyan 对**孙云晓**说：我正在看你们的谈话，他的孩子的确跟我的孩子有共同点。我孩子九岁，但是我认为自己很重视孩子的教育。亲戚朋友也都一致赞赏我的教育方式，但是现在诸多不良学习习惯开始形成，我想我是缺乏对教育的持久关注。可是如果立刻要有大的改观，我想只能让孩子转学了。

孙云晓对 Zuochunyan 说：转学不能解决所有问题，关键是要让孩子从一团乱麻中走出来，从一个好习惯的养成中体验到成功的快乐。这或许是孩子转败为胜的开端。

Zuochunyan对**孙云晓**说：我一直觉得无论做什么事都要持之以恒，哪怕遇到困难也要坚持。作为父母更应该如此。

Zuochunyan对**孙云晓**说：我是北京市朝阳区的一名老师，本以为优秀的孩子能适应校生活，现在我开始怀疑了。不是我不想持之以恒，关键是我的工作注定不能天天守着他。是不是天天带着他就能有奇效呢？可是毕业后找工作等很多的事情都要他独自面对，我怕转到朝阳区后我会后悔。

孙云晓对Zuochunyan说：小学生的发展有一个马鞍形的特点，中年级是低谷，九岁正是一个管不住自己的年龄，关键是培养良好习惯。在我的网站和博客上有很多培养习惯的方法介绍，欢迎你浏览。

Zuochunyan对**孙云晓**说：我孩子的学习成绩还可以。老师一致认为他比较聪明，热情，还让他当了小队长。数学成绩比较好，就是那种难题会做、简单题全错的那种孩子。为这事我愤怒得很，又无济于事。他能考全班第一，也能考倒数第一。

孙云晓对Zuochunyan说：不要把孩子的特点当缺点。也许培养孩子养成审题并确认的习惯，就可以解决他的问题了。

Zuochunyan对**孙云晓**说：您的心态倒是好。丢东西、错字连篇、忘记写作业都成了特点了。我怎么就转不过这个弯呢？

孙云晓对Zuochunyan说：我们每个人在童年的时候，大都有粗心、马虎的特点。这和儿童的注意力水平有关。

Zuochunyan对**孙云晓**说：他昨天上形体课——跆拳道，回来的时候只穿训练衣服，其他的全丢了。这都第三次了。铅笔、橡皮丢的就更不用说了。

孙云晓对Zuochunyan说：马虎、粗心是九岁孩子的特点，教育需要从培养习惯入手。当然，也可以让他对自己的过失负责任，丢了东西用他的零花钱买，让他体验一下责任。

Zuochunyan 对**孙云晓**说:用他零花钱买的方法我试过,他大方得很,根本不在乎。

孙云晓对 Zuochunyan 说:给孩子的零花钱要适当,让他用零花钱买就是要让他心疼。

专制会让父母离孩子越来越远

Zuochunyan 对**孙云晓**说:您说怎么能让孩子提高识字能力呢?我天天给他听写,头天还会,第二天又忘了。

孙云晓对 Zuochunyan 说:培养孩子读书的习惯。越有趣的书越好,也可以多讲故事给他听。坚持久了,认字必多。

Zuochunyan 对**孙云晓**说:说起作业,我儿子到现在还在写呢。老师让抄写一篇作文,再写一篇作文,都要 400 字以上,还有数学作业、英语作业,哎,他本来就慢,今天又不知几点才能写完。

孙云晓对 Zuochunyan 说:好可怜!疲惫不堪的孩子怎么能学习好呢?记住:小学生应睡眠 10 小时,中学生 9 小时。

Zuochunyan 对**孙云晓**说:那我也不能让他不完成作业呀,不让他写作业他也不干呀,会睡不着觉的。

孙云晓对 Zuochunyan 说:那就想办法提高效率。

KING! 对**孙云晓**说:孙老师,您好!我是一名三年级孩子的家长。我想请教一下上"培优班"的问题。首先,您觉得应该去上吗?什么情况下上比较好?孩子现在最大的问题是不爱写文章,现在老师要求要写 100 字以上的周记,每次都需要我在一旁启发,诱导,最后成了我说他写。所以我很想送他到"阳光作文"这样的教学机构去学。您觉得可行吗?

孙云晓对 KING! 说:三年级的孩子怕写作文是正常的。参加作文班也可以,但不要给孩子压力,能培养出孩子的兴趣最好。

KING1对**孙云晓**说:孙老师,能腾出时间回答一下我的问题吗?我还有英语学习的问题。都说6～13岁是孩子学语言的黄金时间,如果我不送他去“新东方”一类的英语教学机构,是否会耽误了孩子,错过了学习语言的最佳时机?

孙云晓对KING1说:兴趣是最好的老师。如果孩子没有兴趣,恐怕去了也不会有很大收获。还是从培养兴趣开始吧!让孩子有成功的体验是教育的秘诀。

KING1对**孙云晓**说:其实在写作文上我本没想给他什么压力,可看了别的同学的作文之后,觉得我的孩子与他们差得太远了。武汉市经常举行“楚才杯”作文比赛,一、二年级的孩子写的作文已经有相当高的水平了。是我的孩子太差了吗?我挺着急的。

孙云晓对KING1说:孩子是千差万别的,每一个孩子都是一个独特的世界,不宜拿别的孩子压自己的孩子。

KING1对**孙云晓**说:孙老师,说起兴趣,我家儿子喜欢运动,足球、篮球都爱,特别爱游泳,还说长大要当游泳冠军,可就是学习坐不住。以前我就上网请教过您,现在孩子稍好一点,有回家就开始做作业的意识,但要管住自己好像还不太容易。

孙云晓对KING1说:培养习惯要用加减法,即培养好习惯用加法,改正坏习惯用减法。

KING1对**孙云晓**说:我现在是对他一点一滴的进步都进行表扬。

孙云晓对KING1说:好父母是什么?是海,要有海一样的胸怀。

KING1对**孙云晓**说:我也想做一个好父母,但要想冷静面对孩子出现的问题好难。您的书我也读过一些,自认为理解了,但实际操作起来真不容易,有时不自觉地就控制不了自己的情绪。

孙云晓对KING1说:教育孩子有一个基本的原则,就是要耐心等待,三分教七分等,等待苗儿长,等待花儿开。尊重儿童的未成熟状态,就是尊重儿童的成长权利。

KING! 对**孙云晓**说：其实我认为孩子是应该“放养”，但现实由不得我们冷静，害怕一放手，别的孩子就超过他了，毕竟只有一个孩子，由不得你失败。

孙云晓对 KING! 说：什么是成功？什么是失败？可能需要有新的定义。我最近提出了“警惕教育荒废”的观点，就是说不要把真的教育丢了，而只关心孩子的学习。魂都丢了，孩子还能不见鬼吗？

养成好习惯才是最根本的教育

ffj 对**孙云晓**说：我的儿子今年读五年级了，但是写作业还是要我每天盯着才会做，才能完成，而且错误率很高，怎么办？

孙云晓对 ffj 说：成败在于习惯的培养，养成好习惯才是最根本的教育。

ffj 对**孙云晓**说：我孩子上课注意力不集中，只能听 15 分钟的课，回家又不认真做作业。我不知道怎样改变他，从而让他养成好的习惯。

孙云晓对 ffj 说：方法很多，比如在家里朗读课文，或者让他给你们复述上课内容，要伴之以鼓励。

ffj 对**孙云晓**说：孙老师，你好，为什么有一些老师喜欢“炒冷饭”，不让我们学新的知识。

孙云晓对 ffj 说：是吗？“炒冷饭”是不是为了巩固知识啊？

ffj 对**孙云晓**说：有时我认为一些东西太简单了，所以不想去做，可是我们的老师还是用陈旧的方法叫我们做。

孙云晓对 ffj 说：是否可以和老师沟通一下呢？

ffj 对**孙云晓**说：我总是管不住自己，做作业老要妈妈看着我，有什么办法解决我的问题吗？

孙云晓对 ffj 说：与妈妈签订协议，相互信任，自觉学习。

ffj 对**孙云晓**说：写作文时，我总是抄别人的作文，感觉没有什么事可写。怎么办？

孙云晓对 ffj 说：抄是为了不抄，写自己的心里话，写自己的发现，多好啊。写作是自我表达。你不想表达自己吗？

ffj 对**孙云晓**说：我妈妈说带我去一些景点玩，叫我回家后写一篇文章，但是我好像对写景的文章特别反感。怎么办？

孙云晓对 ffj 说：可以和妈妈商量嘛。愿意写什么就观察什么。我女儿小时候就从观察吃的东西和观察小动物开始写起的。

ffj 对**孙云晓**说：我要去做作业了。以后有问题可不可以发到你的电子邮箱呢？

孙云晓对 ffj 说：好的。但我忙起来不一定有时间及时回复，还是聊天为好。

ffj 对**孙云晓**说：休息日有没有聊天呢？我有很多话想与你说呢！

孙云晓对 ffj 说：欢迎你在我的博客上留言。

djjssx 对**孙云晓**说：孙老师，你好！我是一名小学四年级男生的家长。我儿子是一个很有个性的男孩，遇事有自己的见解。不论与谁，只要他觉得有理，就毫不示弱与之辩驳，学习接受能力较强。老师们都认为他是一个聪明的孩子。但是，有一点很让我们担心，就是上课时只要是新东西他就会全神贯注地听，一旦觉得自己会了，就会忙一些他自己的事，所以老师们都感觉他很浮躁。请问孙老师，我应该从哪方面入手解决他的问题？

孙云晓对 djjssx 说：的确很有个性。他需要养成课前预习和课后复习的习惯。

djjssx 对**孙云晓**说：说起读书，我孩子倒是特爱读书，但是就是不怎么喜欢读文学作品。我想只有读文学作品才能提高作文水平，对吗？

孙云晓对 djjssx 说：只要喜欢读书就有希望。当然读文学作品最有助于写作水平的提高。可以通过看名著改编的影视剧，来带动他看名著。兴趣决定孩子的选择。

求学对 djjssx 说：不一定。孩子感兴趣而又健康的书，能引起他共鸣的书，都有作用，只不过影响都是潜移默化的。

djjssx 对**孙云晓**说：他写作文总是有敷衍的感觉，嘴上说起来相当不错，可一写起来就草草了事。

孙云晓对 djjssx 说：我培养孩子写作文的窍门是：写熟悉的事，写具体的事，写让自己感动的事。

（2006 年 9 月聊天记录精选）

第四章

爱别人从爱自己开始

信息时代特别需要两代人共同成长

校园网是青少年网络世界的安全岛

孙云晓对所有人说：各位网友晚上好，很抱歉，我刚刚到。外面一直在堵车。今天晚上我们讨论的题目是“如何看待网络迷信”，请大家尽情发表看法，畅所欲言。

qjgstgrs对**孙云晓**说：网络本身不是坏东西，我们不是也常上网吗？关键是看人怎样进行操作的。再说细点就是，上网的人是怎样认识网络的。

孙云晓对qjgstgrs说：同意您的看法。网络本身只是一个工具，但人们怎么看待它，怎么运用它是很重要的。

qjgstgrs对**孙云晓**说：目前，我省（湖南）已经停止开办新的网吧。因为未成年人仍然是在网吧上网的主力军。

孙云晓对qjgstgrs说：是的。很多数据显示，青少年的确是上网的主力军。可是，未成年人的自我控制能力和保护能力是有限的，分辨能力也很有限，因此，很容易在网络迷信面前迷失方向，甚至受到伤害。

qjgstgrs对**孙云晓**说：我不常在网吧玩，但也受学校委托常到网吧去走走，网吧的客人80%是在校学生，而且是清一色的“传奇”或其他什么网络游戏的死心塌地的追随者。一进网吧就听见不绝于耳的喊杀声。真是令人担忧！

孙云晓对qjgstgrs说：现在很多孩子迷恋网上算命。他们通过占卜算命等来决定一天的心情，甚至他们当天该做什么。

思林居士对**孙云晓**说：网络是一个好东西，关键在于引导。

孙云晓对思林居士说：您好，同意您的说法。网络的确是个好东西，关键在于引导。对于孩子来说，他们更需要科学的指导。

思林居士对**孙云晓**说：我经常教我们班的孩子上网。对于网络迷信的问题，我认为这是现实存在的，我们不应回避。

孙云晓对思林居士说：是的。网络迷信几乎铺天盖地。如果在网上搜索一下，我们会发现仅是算命的网站就有 40 多万个，数量惊人。

思林居士对**孙云晓**说：帮助孩子树立唯物主义世界观很重要。我也玩过网络算命，不过只是把他当作游戏。应该让我们的孩子也用这样的心态来玩这种游戏，因为你是禁止不了他们的。

孙云晓对思林居士说：是的。青少年要把握自己的命运，而不是把希望交给机器。你玩网络算命的体会是什么？

思林居士对**孙云晓**说：我的体会是那只是一种游戏，感觉特别好笑。其实学校的计算机房利用率不高，我们可以利用课外一些时间开放计算机教室，供学生上网，但要有老师的指导。

孙云晓对思林居士说：许多学校都开通了校园网。这是一个非常好的办法。校园网是青少年在网络世界里的安全岛。

治理网吧要用大禹治水的精神

大河村对**孙云晓**说：对于学校来说，就要加强对学生的引导，而不是杜绝孩子上网。现在的老师和父母一听说孩子上网就着急。

孙云晓对大河村说：是的。用堵截的办法确实不行。重要的是父母和孩子一起学习，了解孩子在做什么，并给他们力所能及的指导。一个能引导孩子正确使用网络的父母或老师，我相信孩子们一定喜欢。

大河村对**孙云晓**说：我们学校有个远程班，有天晚上和你交流的那些孩子是班里的学生，我校要求他们每天必须上网。上课前要求他们上网查资料，课后要求他们把自己的成长日记发到指定的论坛上。

孙云晓对大河村说：这个做法很好！总之，要让孩子多参与，并坚持到底。

大河村对**孙云晓**说：其实，如果我们的教育部门把网吧的功能再开发一下，还是很有前途的。例如，开发一些教育方面的软件（当然是对父母和孩子都很有用的），放在网络上，让孩子像痴迷游戏那样痴迷这些东西，该有多好。

孙云晓对大河村说：对网吧的治理也要学习大禹治水的方法，也许需要开办一些绿色网吧，让未成年人在一起健康地上网。

张圆对**孙云晓**说：告诉您一个好消息，我在成长论坛上当了一个小版主，是家庭教育方面的论坛。

孙云晓对张圆说：祝贺你！家庭教育需要探讨的问题太多了，希望你多发表一些独到的见解。

张圆对**孙云晓**说：我现在也得回答网友提出的问题，有时真的有点力不从心。

孙云晓对张圆说：其实，以真诚赢得真诚是最好的方法。真正的经验在民间，要向大众学习，集众家之长。

张圆对**孙云晓**说：我真感觉到了这一点，父母真有很多好的经验呢！

qjgstgrs对**孙云晓**说：QQ上常见到这样的信息：你要把这个信息转发20次，否则就会有噩运降临之类的，很多人也确实相信。但有些专门用来给人占卜的网站就太多了。无法杜绝呀！事实上，大多数人还是只把网上算命当成一个游戏来看待。但只要有极少数人当真了，便也成了麻烦，甚至还会付出血的代价！

孙云晓对qjgstgrs说：你说得对。对于青少年来说，玩游戏往往是一个前奏，有可能弄假成真。

qjgstgrs 对**孙云晓**说：这么多的算命网站是无法杜绝的，还是要靠青少年自己的自控能力和对辩证唯物论思想的宣传！

孙云晓对 qjgstgrs 说：管理是一个方面，引导青少年自觉远离迷信是另一个更重要的方面。

qjgstgrs 对**孙云晓**说：电脑算命只是一种游戏，因为程序是确定的。如果没有人去对它进行经常修改的话，总有不同的人会拥有同样的命运的。我觉得在学校办绿色网吧，会对青少年的成长起指导作用。这也是我经常在学校提的一个观点，可是一直不能得到学校的关注。学校只是让班主任直接去网吧监督，而不是从根本上去努力消除这种现象。

孙云晓对 qjgstgrs 说：这需要探索成功的经验。河南某校引导学生由玩网络游戏到编创软件，就是一个好经验。

qjgstgrs 对**孙云晓**说：您说的现象只是局部现象，真正的现实状况是更多的地方根本就没有人去引导，而只是一味地制止。

孙云晓对 qjgstgrs 说：是的。现实就是这样让人无奈。但我们要想办法突围。

大河村对**孙云晓**说：很久以前（准确地说，应该是我开始痴迷游戏的时候），我便开始思考，能不能把教学的内容设计成游戏，通过游戏的形式达到让孩子学习的目的。

孙云晓对大河村说：好主意。儿童太需要游戏了。游戏是儿童学习的重要途径。其实大人也需要游戏。

大河村对**孙云晓**说：其实游戏也不是什么特别坏的东西。孩子上网，或家里不买电脑，最主要的原因就是怕孩子着迷游戏。甚至校长都不准教师在计算机房里打游戏。我觉得，我对计算机的了解、上网学习等，就是通过打游戏开始的。

孙云晓对大河村说：孩子喜欢玩游戏是非常正常的，也是他们的权利，关键是要引导他们健康发展。游戏是工具，主要看内容。

大河村对孙云晓说：通过各种方式，我了解到，多数网络高手都是从痴迷游戏开始的。

孙云晓对大河村说：是的。比尔·盖茨就是一个最好的例子。

不要把问题简单归罪于网络

qjgstgrs对孙云晓说：事实上，多数网络高手是从玩游戏开始的。关键是他们受到了正确的引导(也许只是思想上的自控)，而更多的是没能成为网络高手、游戏高手，而是成为网络消费者！

孙云晓对qjgstgrs说：也许更重要的是培养孩子确立人生的大目标。当他立下远大的志向，并有了成功的体验时，他才容易抵御各种诱惑，因为真正的教育是自我教育。

qjgstgrs对孙云晓说：是的。人生的目标教育最重要。这一点我觉得自己做得很好。我常跟我的学生讲，我可以不要你们的好成绩，但我要你们每人都有自己的爱好，而且，你们一定要做个好人！

孙云晓对qjgstgrs说：说得好。每个人的生命都是一段旅程，有目标才会有成功，有奋斗才会有精彩。失去了目标随波逐流，是不幸的人生。

王红对孙云晓说：我的儿子上高二了，他是个很爱玩网络游戏的孩子。这样下去怎么办？我很担心。老师，您说呢？怎样把他的兴趣转移呢？

孙云晓对王红说：为什么一定要转移呢？如果时间掌握得适当，终身玩游戏都是有益的。你的担心在哪里呢？

王红对孙云晓说：我看他玩游戏时眼睛放光，学习就反过来了，老是想睡觉。

孙云晓对王红说：那是他学习方面的障碍。他是否有厌学倾向？聪明的办法是标本兼治，而不是简单归罪于网络。

王红对**孙云晓**说:他不要我们安排时间。他想什么时间上网就什么时间上,他除了看电视,听音乐,就是看网络小说,对学习没有兴趣。

孙云晓对王红说:北京有位妈妈叫曲兰,写了本书介绍她是如何引导儿子由迷恋网络到成功的故事,给人很大的启发。建议你在网上搜索查看。

yuexin对所有人说:我觉得现在的网络资源没有得到充分开发,消遣成为电脑的主要功能!

孙云晓对 yuexin 说:是的。这需要一个过程,这也对教育构成了挑战。

奥雷良诺上校对**孙云晓**说:孙老师,我问你一个问题:我们怎么让孩子对自己还不了解的东西感兴趣?

孙云晓对奥雷良诺上校说:趋利避害是人的正常心理,所以要引导孩子了解某个东西的奥妙与趣味。这就是教育的艺术。

奥雷良诺上校对**孙云晓**说:但是我们绝大多数的父母不知道怎么样趋利避害,往往好的没留住,坏的养成了习惯。迷恋网络的孩子很多,但真正被解救的孩子很少。为什么会大肆宣扬这一类成功的例子,原因很简单:成功的太少!

孙云晓对奥雷良诺上校说:是的。网络时代的挑战让太多的人不知所措,经验自然很少,所以愈加珍贵。严重的问题不是批评父母和老师,而是怎么帮助他们。以其昏昏使人昭昭,怎么可能呢?

奥雷良诺上校对**孙云晓**说:摸着石头过河,先牺牲一部分人,积累出经验,然后再去治理?

孙云晓对奥雷良诺上校说:信息浪潮来势迅猛,必定会淹没一些人。我们只能是尽量提供对策。

奥雷良诺上校对**孙云晓**说:也就是像圣经中说的那样,既然喂不饱100个人,就喂饱一个人好了?

孙云晓对奥雷良诺上校说：是的。树上的一颗果子熟了，其他的也会熟的。

奥雷良诺上校对孙云晓说：另外，孩子经常问一些好笑的问题。比如说孩子问我：如果太阳是冰淇淋，它融化了，会流到地球的哪个角落呢。我该怎么看这个问题？

孙云晓对奥雷良诺上校说：儿童时代是胡说八道的时代。童言无忌，我们应当理解和宽容。

大河村对孙云晓说：在学校里，因为教学任务大、压力大，好多学校为应付检查建起来的计算机教室基本是封闭的，没有对老师开放，更没有对学生开放。老师尚不知道网络是什么东西，怎么能引导孩子通过网络学习呢。所以，在引导孩子上网方面，我们学校做得也很不够。

孙云晓对大河村说：我最近出版了一本书叫《唤醒巨人》（收入《孙云晓教育作品集》名为《唤醒孩子心中沉睡的巨人》），其实首先要唤醒的是教师和父母。

迷信的幽灵不会因为现代化而绝迹

思林居士对孙云晓说：不知道大家对最近网上出现的一些青少年网婚现象怎么看？我发现有些甚至只是小学高年级的孩子在网络上都有“老公、老婆”。

孙云晓对思林居士说：有人严肃批评青少年网婚，我倒觉得不必紧张。这也许是网络时代的孩子过家家游戏，模拟成年人的生活。有何罪过？

思林居士对孙云晓说：我觉得孩子的网婚没有过家家游戏那么简单，里面有些早熟的因素，还是要引导。我们的课堂上需要有这种课程。

孙云晓对思林居士说：同意您的看法。对孩子上网要重在引导。

张圆对孙云晓说：其实这些全是家庭教育没搞好的结果！我们要让孩子从小就有一双慧眼！

qjgstgrs 对孙云晓说：虽然我常去网吧督导学生，但我班的学生从不进网吧，因为他们对于电脑甚至都是很陌生的。我觉得这很可悲，所以我常在我的办公室里让学生参观我是怎样操作电脑的，甚至是玩游戏。有时也让学生自己操作一下，虽然他们不会，但兴趣很大。我很高兴！

孙云晓对 qjgstgrs 说：你是个启蒙者，你在唤醒巨人！

qjgstgrs 对**孙云晓**说：孙老师，您言重了。事实上是，我们学校还没有正式的电脑教室，只有我个人用一台电脑。我能做的也许就只有这点了。

孙云晓对 qjgstgrs 说：星星之火可以燎原。

秋水荡漾对**孙云晓**说：我感觉少年上网只要有正确的引导，就不会有太大的问题。

孙云晓对秋水荡漾说：是的。天下不会大乱，不必过于担心，因为青少年是有一定的辨别力的。我们的研究发现，中国儿童十岁开始就具有一定的媒介选择能力。

蕙的风对**孙云晓**说：孙老师，我是这样想的：对孩子要适度引导。我的儿子今年九岁，他也喜欢网络，我会给他一定时间让他去玩，所以他没有出现痴迷的问题。

孙云晓对蕙的风说：祝贺你的成功，对孩子引导越早越好。

垂钓鸣蝉对**孙云晓**说：我赞成你的说法。有人谈网色变，甚至有的学校竟然公开反对中学生上网，那不是教育者应有的态度，是在逃避疏导的责任。

孙云晓对垂钓鸣蝉说：迷信的幽灵并不因现代化而绝迹，恰恰相反，它会伪装成科学的样子去发展自己的地盘。网上占卜等迷信活动就是一个例子。因此，需要我们对孩子进行引导和教育，谈网色变或者不闻不问，都是逃避教育责任的表现。

大河村对**孙云晓**说：是的。迷信是一种意识、一种思想，技术的发达会为这些迷信的传播提供更便捷的条件。

蕙的风对**孙云晓**说：网上这样的事情很多。我认为父母如果有这样的好奇心，千万不要当着孩子的面在网上算命。

孙云晓对蕙的风说：凡是不让孩子做的坏事情，大人最好也不做。因为大人是孩子最重要的榜样。

薰的风对**孙云晓**说：谢谢孙老师。也许这就是许多事情无法纠正的症结所在。其次，我认为父母要关心孩子关心的事情，如果出现这样的苗头就应该积极地引导。

孙云晓对薰的风说：我反复地说，教育孩子的前提是了解孩子，不在这方面下工夫任何教育都不能成功。

紫云对**孙云晓**说：父母为了孩子勉强维持婚姻。这样做好还是不好？

孙云晓对紫云说：我不认为一个糟糕的婚姻对孩子会有好处。

任何知识或技术的教育都离不开道德的教育

王红对**孙云晓**说：我们没有用好网络这把双刃剑，该怎么办呢？

孙云晓对王红说：当孩子厌学的时候，应当少接触网络；当孩子爱学习的时候，可以接触网络。

王红对**孙云晓**说：是的。我禁止过，可他很叛逆，跟我对着干。

紫云对**孙云晓**说：可是真正爱学习的孩了往往不会迷恋网络，而迷恋网络的孩子恰恰都不爱学习。因为烦躁的应试教育对孩子太没有吸引力了。

孙云晓对紫云说：不一定。爱学习的孩子喜欢网络的人很多，有的还建了自己的网站。

王红对**孙云晓**说：孙老师，如果我禁止他上网，他又到外面的网吧去玩，怎么办？

孙云晓对王红说：孩子在家里上网当然比去网吧好。亲子之间需要情感的力量，好的关系胜过许多教育。

思林居士对**孙云晓**说：引导孩子上网，我认为第一步要知道孩子在网上做了些什么。

孙云晓对思林居士说：上网的第一步需要进行网络教育，不要让孩子匆忙上阵，要有备而来。

思林居士对**孙云晓**说:我们学校里安排上网一般是从四年级开始的。我去年教过一年的信息技术课,感觉孩子对游戏特别有兴趣。可我通常是禁止,只是同意他们学会当天的课程后才可以玩一会儿,因为无论哪一个内容总有些孩子学得快,有些孩子学得慢。

孙云晓对思林居士说:信息技术课是引导学生用好网络的珍贵时刻,值得下工夫教好。

思林居士对**孙云晓**说:用玩游戏激励孩子学习,我不知道这样做对不对? 比如在我们语文课的资料光盘上就有许多寓教于乐的游戏。

孙云晓对思林居士说:当然可以。用游戏刺激孩子的兴趣是一种教育艺术。

思林居士对**孙云晓**说:除了学技术之外,我觉得针对网络道德的教育也很重要。

孙云晓对思林居士说:网络教育是离不开网德教育的,任何知识或技术的教育都离不开道德的教育。

思林居士对**孙云晓**说:呵呵。我感觉您对孩子真的很宽容,我们许多老师都是严字当头的。我自认为是一个很宽容的老师,可和您相比我觉得有些观念还是要改。

孙云晓对思林居士说:仔细想一想,每一个人都需要一个宽松的环境才能成长起来。宽松的时代,才是产生巨人的时代。当然宽松不等于放纵。

qjgstgrs 对**孙云晓**说:我曾经提出过一个观点,我甚至想拿部分学生做一个实验:在教他们文化知识的同时,花更多的时间辅导他们学习更多的课外知识,当然也包括网络知识。但又怕影响他们的文化成绩,因为学校和父母要的仍然是学习成绩,而并没有太多注重能力的培养。毕竟,如果按我这种教学模式的话,学生文化成绩也不可能有太大的提升。

孙云晓对 qjgstgrs 说:中国人民大学附中开了 100 多门选修课,我认为这是一个现代学校的努力方向，要给学生选择权。

大河村对**孙云晓**说：我们学校的信息技术课前几年开展得很好，但因为收费、上级的指导思想等问题，现在这门课已经基本停了。我非常遗憾。

孙云晓对大河村说：我能理解。

大河村对**孙云晓**说：对了，孙老师，我们这儿组织“首届世界传统武术”节，今天上午我带学生参加迎宾式演出。（其实学生也就是双手摇花，嘴里喊“欢迎欢迎，热烈欢迎。”）学生一直喊了40多分钟。你说，这是不是对孩子的一种摧残？

孙云晓对大河村说：无奈的现实。其实，活动本可以丰富多彩，张扬个性。

大河村对**孙云晓**说：都知道张扬孩子个性的好处，但真正做起来是那么不容易。

秋水荡漾对**孙云晓**说：迷恋网络的孩子学习虽然不优秀，但是并不代表他踏入社会不会是一个优秀的人。关键要父母和老师改变教育观念并正确引导。

孙云晓对秋水荡漾说：是的。很多优秀的人物在中小学时代都默默无闻。

紫云对**孙云晓**说：喜欢网络不等于迷恋，建一个网站不要花多少时间的。

孙云晓对紫云说：专家们的研究发现，厌学或没有朋友等生活中失败的孩子更容易迷恋网络，容易受到不良影响。

紫云对**孙云晓**说：其实孩子的很多问题不是孩子和父母的问题，是现代中国教育的问题。父母那一点微薄的力量如何能解决目前教育体制的弊病？

孙云晓对紫云说：是的。任何一个人都难以和一个制度抗衡，但是，英雄就是这样产生的，这叫做沧海横流方显英雄本色！

紫云对**孙云晓**说：孩子为什么会厌学？你探讨过深层次的原因吗？

孙云晓对紫云说：关于孩子厌学，我们在《培养独生子女的健康人格》（2009年修订版改名为《独生子女教育启示录》）一书中有详细的分析。请到我的网站上查看。

（2004年10月聊天记录精选）

今日青少年亟须提高媒介素养水平

呼吁媒体联合起来建立一个保护未成年人的自律联盟

“不良媒体的报道，实际上给未成年人制造了一片他们难以逾越的沼泽地。”一谈到当下媒体近乎无边的传播影响力，中国青少年研究中心副主任孙云晓研究员说，现在海量信息和无遮蔽的传播，让他常常感到力不从心。因为侵害未成年人权益的悲剧，几乎每天都在上演。而令人担忧的是，还很少有媒体意识到这个问题的存在和严重性。

谁来保护我们3.4亿不满18岁的未成年人？媒体今后在面对未成年人时，可否多一些考虑和顾忌？2009年8月8日，刚从英国回北京的孙云晓，一听记者的问题，时差还没倒过来，就在家中欣然接受了《中国青年报》记者的专访。

这几年关于企业家暴富、炫富的报道太多了

《中国青年报》:你在20世纪90年代就曾呼吁新闻报道要注意保护未成年人。

孙云晓:新闻在制作和传播过程中，如何体现对未成年人的关怀，一直是传播领域的重大课题。在越来越开放的信息化社会，信息质量对未成年人影响巨大。纵向比较，当下青少年的独立性、批判性和选择性，都比过去的同龄人强得多，但再强，孩子毕竟是孩子。

《中国青年报》:为什么说“再强也是孩子”呢？

孙云晓:我的意思是，他们依然需要成人的保护和帮助。有人说，如今是“菜鸟”教

育“老鸟”。70%的中小学生觉得他们上网冲浪本事大，比父母懂得多，父母老师反而成“菜鸟”了。实际上，青少年对信息尽管知道不少，但理解得肤浅啊——他们不知道自己“菜”，不认为自己“菜”，这正是问题所在。

我现在感觉到，青少年教育遇到的最大困难，莫过于媒体的不良影响。这代青少年比历史上任何一个时代的青少年，都更加充分地受媒体影响。信息化时代，媒体动摇了父母和老师的权威地位。

各种媒体一方面给青少年提供了丰富的营养，另一方面也给他们制造了很多陷阱。2000年我们有项调查显示，13.5%的中小学生的理想职业是“科学家”，排在第一位。到2009年，这个结果就发生了颠覆性变化，排第一的成了“企业家”，其次是“歌星影星”。“科学家”的排名倒数第三，只比“工人”和“农民”靠前一点。

《中国青年报》：“企业家”排第一和媒体有什么关系呢？

孙云晓：这几年关于企业家暴富、炫富的报道太多了。潜移默化，会给青少年一个印象：富有即英雄，成名就很牛。至于信誉如何，是不是有社会责任感，可以忽略不计。我就发现，现在一些中学生对财富的向往极其强烈，长大就想当富人。这跟媒体报道有很大关系。

还有一类报道，对应试教育推波助澜，也可能对未成年人造成伤害。比如，有些媒体每年都在第一时间大力报道高考状元。在国家已经把素质教育作为教育发展主体思想的今天，这种报道是不应该的。这里的导向有问题。这些媒体把状元树为青少年的楷模。高考第一名大红大紫，第二名默默无闻，这对吗？状元就是楷模吗？

任何一个惊恐万分、拼命逃生的孩子都是正常的

《中国青年报》：那你觉得，什么样的人可以是青少年的楷模？

孙云晓：为未成年人树立榜样的报道，有些也是片面的。从新中国成立到1985

年，受省级以上表彰的英雄少年大概有36人，与坏人搏斗、救火、下水救人、救火车、保护集体财产等类型有33人，占91.6%。其中下水救人的11个少年英雄，就有10人牺牲了。榜样教育是导向教育，但这种少年英雄导向不符合儿童身心发展和成长的规律。

前些年，有个电影叫《背起爸爸上学》，讲述的是个真实的故事，最早由媒体报道出来，很感人。甘肃一个不到14岁的男孩，在哥哥不承担赡养义务的情况下，毅然背起爸爸上学。主人公作为一个身心俱未成熟的孩子，就挑起这么重的生活担子，无疑是会受到伤害的。赡养残疾父母，这是成年人的责任，是社会的责任，不应该鼓励孩子来承担。这种导向会鼓励更多未成年人模仿，带来更多潜在伤害。

我还想说一点，就是关于赖宁的报道。我在中国青少年研究中心工作，当时采写过赖宁的事迹。我在写的时候就注意把握了一条，明确写上"不提倡少年儿童上山救火"。写赖宁事迹的重点也不是救火，而是突出他的胸怀大志、勇于探索、全面发展、刻苦磨炼。学赖宁决不是学习他救火牺牲。

《中国青年报》：但一提起赖宁，大家想到的还是那个救火牺牲的孩子。

孙云晓：最近在评选"100位为新中国成立作出突出贡献的英雄模范人物和100位新中国成立以来感动中国人物"，赖宁是300个候选人之一（后来赖宁当选为100个感动中国人物——作者注）。在有关他的一小段事迹介绍中，90%的内容还是在讲他救火。我看了有点遗憾：赖宁事迹的本质不在这里。作为改革开放初期的少年英雄，赖宁本质是勇于探索的现代少年。他能够组织一个探险队上山探险，还博览群书，很有环保意识。他身上有现代人的气质和科学精神。我在赖宁报道结尾处写过一个细节，就是赖宁牺牲后，妈妈为他做的最后一件事，是赔偿被他打碎的玻璃。赖宁很顽皮，自己研制火药枪，打碎了职工宿舍的玻璃。妈妈就批评他，让他用零花钱去赔偿，结果他还没来得及赔就牺牲了。于是赖宁的妈妈买了玻璃，把发票在他的墓前烧了。

我还记得那篇文章的最后一句话："他是英雄，也是孩子。"

由此说到 2008 年抗震救灾中对小英雄的报道。那些报道很感人，但在讲英雄少年事迹时，不该回避他们的害怕、恐惧，这些心理是很正常的。可媒体潜意识里大概觉得只有坚强才对，软弱就不对。所以评选抗震救灾英雄少年时，我就担心灾区其他的孩子会怎么想，他们会不会觉得"他们不害怕，是英雄；我怕，我不是"。其实任何一个惊恐万分、拼命逃生的孩子都是正常的。

对犯罪报道中的细节的模仿是引起未成年人犯罪的直接动因

《中国青年报》：现在还有一些关于青少年犯罪的报道。《广播影视新闻采编人员从业管理的实施方案》明确要求，对未成年人犯罪案件一般不予公开报道。现在，情况怎么样？

孙云晓：受媒体不良报道影响的青少年更容易犯罪。据公安部调查结果显示，看过黄色录像的未成年犯人高达 76%，而普通中学生才 7%。对犯罪报道细节的模仿，也是引起未成年人犯罪的直接动因。媒体对细节报道得越细，青少年模仿得越多，因为不假思索的模仿是儿童的天性，儿童的学习方式也是观察性学习。

对新闻报道来说，报道暴力犯罪之类的内容也是正常的。但要注意的是，第一，对未成年人的保护是一个恒定的原则，即使在后半夜播出也不能不尊重未成年人的权利；第二，犯罪的细节不宜报道过细。

所以，我主张新闻从业人员接受专门的培训，学习联合国《儿童权利公约》和中国的《中华人民共和未成年人保护法》。

《中国青年报》：最急需培训的是哪些内容？

孙云晓：报道未成年人问题时，既要符合新闻规则，又要遵守未成年人保护的规则，这两个规则要兼顾。国家法律规定，未成年人受特殊保护和优先保护。这种保护的基本原则就是，怎么做对未成年人发展有利就怎么做。保护什么呢？保护未成年人的四项基本权利——生存权、发展权、受保护权和参与权。

比方说，我们有的报道在涉及小女孩被强奸时报道过细。一说就说到某城市、某街道、某家庭的女孩被强奸了，受到了多么多么严重的摧残，甚至提到一些非常残忍的手法。这样的报道出来，这个女孩的未来怎么办？所有的议论，哪怕是同情的议论，都会对她造成巨大伤害。这就是不良的媒体报道，它可能带给孩子一生的伤害。

我们应该制定媒体报道中关于未成年人保护的相关细则。《中华人民共和国未成年人保护法》是个原则性的母法，还应该出台实施细则或条例，在新闻传播系统中贯彻实施。

《中国青年报》：有些报道也许并不涉及法律，更多还是在职业道德层面。对于这部分报道，您怎么看？

孙云晓：这要靠行业自律。前段时间，网上不是炒作"很黄很暴力"吗？那个孩子还被"人肉"搜索出来了。这绝对是一个媒体暴力事件，就好比一群大人蒙着头来群殴一个年幼的孩子。这是媒体群殴，非常残忍。这种事情如果不干预，以后随时可能发生，尤其在互联网时代，这个太容易了。

媒体不仅要保护孩子的生命，也要保护孩子的隐私

《中国青年报》：对于一些客观甚至正面的报道，也要注意这方面的问题吗？

孙云晓：是的。电视时常会有这种报道：某某企业家特别有爱心，捐了多少钱给学校或贫困学生，受助孩子上台领取善款，感谢、鞠躬。我觉得这都可能对未成年人的成长不利。首先，他们也许不愿意让别人知道自己穷或受助的事，而且他们也有权不让别人知道。送温暖、献爱心本身很好，但应该悄悄地进行。

我还看过一个电视画面，当时就很不舒服，那是对1998年抗洪救灾的报道。一个

只有6岁的小女孩，从大水包围的树上被解救下来，赤身裸体地被抱来抱去。报道本身没问题，但居然没打马赛克，至少脸部和身体一些部位应该有遮挡啊！后来这个镜头还被重播了很多次，也没有经过处理。当时我就觉得问题太大了，这个女孩以后怎么办？对于现场抢救，这当然是没办法的，但作为报道，它被不停地重播，还成了历史性画面。这就说明新闻工作者缺乏儿童受特殊保护的意识。这个保护不仅仅是保护孩子的生命，也是保护孩子的隐私。媒体不光要对孩子们的现在负责，还要对的未来负责。

《中国青年报》：这几年，这方面的情况怎么样？

孙云晓：稍微好一点，但总体而言，还是做得很不够。这里实际上有一种低层次和高层次的区分。最低层次是，不能随意披露未成年人的隐私，这是底线。高层次是，注重未成年人的参与，传达未成年人的声音。我们现在许多有关儿童的报道，儿童往往只是一种装饰，不是他们真正的参与和表达。对于一切跟儿童有关的事情，包括教育政策、校外生活、儿童服装用品、文学艺术等，媒体都应该传达儿童的声音。有些媒体已经注意到哪些事不能报道了，但对尊重未成年人的参与权还缺乏意识。比如，现在很多儿童文学艺术的评奖，孩子都没有参与权，成年人评出来的作品，孩子们常说什么啊，不爱看。

有一条建议我都呼吁好多年了，即希望“六一”儿童节能够成为儿童的狂欢节。儿童节现在往往都是成人化的形式，开大会、表彰、文艺演出。关于儿童节的报道，几乎没有哪一年能真正报道成儿童的节日。

在人物报道上，需要媒体有“扭转乾坤”的气势

《中国青年报》：现在会有一些有关贩毒、吸毒的报道，对吸毒感受和毒品名称的描述，好像会让人产生好奇。

孙云晓：这又涉及一个重要问题。比如明星吸毒，这是可以报道的，但不能渲染吸毒的感受，否则容易诱惑未成年人；不能出现有关吸毒兴奋状态的描述，只能是简单陈述。

现在的未成年人有个特点，他们一方面会表现出对媒体报道的不信任，另一方面又常常信以为真。我们曾做过调查，关于“什么对未成年人的思想品德、理想信念影响最大”，排名第一的是家庭(37.7%)，然后是学校(30.9%)，报刊才占1.6%，互联网占4.9%，电视和书籍分别占8.4%和9.4%。对于思想品德，还是家庭和学校影响更大。但他们对企业家、明星的崇拜，好像又是与媒体渲染密切相关的。父母与教师受到的媒体影响也会传染给孩子。可以说，媒体对未成年人思想道德的塑造作用很小，负面影响却很大。

媒体应该在这方面负有特别的责任，必须对民族负责、对未来负责。首先，在人物报道上，需要媒体有“扭转乾坤”的气势。什么叫“扭转乾坤”？就是要把关于思想家、艺术家、科学家、发明家，甚至普通的工人、农民的报道量加大。现在基本上是关于明星的报道占70%，其他加一块儿占30%左右。我觉得应该倒过来，把明星报道控制在30%以内，其他的报道量加大，而且要提高报道水平。

《中国青年报》：但青少年可能普遍对非明星报道不那么感兴趣啊？

孙云晓：这和媒体报道方式有很大关系——报道的正面人物不可爱。前不久对日全食的报道，我觉得就很不错。它进行了一次针对全民的科普，唤起了民众的好奇，但可惜报道持续时间太短。我觉得这些报道，对青少年一生都是有帮助的。

我认为崇拜演艺明星，吃喝玩乐，追求名牌，绝不是这一代青少年的唯一追求。我一直认为这一代青少年将成为巨人，他们有一种不可限量的潜质，也有一种气势磅礴的追求，只是我们要给他们创造一个多样性的环境，在视野上，可以包括天文、地理、高新科技，让这个世界变得丰富多彩。

媒体确实需要一个大的改造。其实，现在已经有人在做了，但我觉得还不够普及。应该让全国的媒体工作者有一个广泛的系统的培训。媒体还应该联合起来，建立一个保护未成年人的自律联盟。

《中国青年报》：除了媒体自律，我们全社会在保护未成年人上，还可以做什么？

孙云晓：在2009年"两会"上，共青团有一个重要提案，就是建立"国家未成年人保护委员会"。其日常办公机构可以设在团中央，由未成年人保护委员会统一领导，建立未成年人保护状况监测体系，完善监督机制。

我们现在好像还没有关于未成年人保护的内容审查，所以需要发动一些政府部门、共青团和少先队组织、非政府组织、行业协会来做这个事。据我所知，律师协会里就有一个未成年人保护委员会，记者协会也应该有。

（原载2009年8月13日《中国青年报》，记者黄冲）

每个人身上都有英雄的基因

在“5.12”汶川大地震一周年即将到来的日子，我读了长篇报告文学《震不垮的川娃子》，特别想对女作家孙晶岩说一声“谢谢”，因为她以博大的情怀和惊心动魄的文字，写出了我期待已久的作品。

能量相当于1500颗原子弹爆炸的“5.12”汶川大地震，是人类史上的特大悲剧，也是对改革开放的中国的全面挑战。令世界惊叹的是，中国人不但经受住了严峻的考验，并且激发出了强悍的团结一心抗震救灾精神。《震不垮的川娃子》一书是具有震撼力的作品，而震撼力正是报告文学的第一特征。该书给我最深刻的启示就是，英雄就在我们身边。这部作品的诞生过程同样充满了英雄主义的色彩。

这是一个非常神奇的现象，如果没有灾难的降临，谁也不会相信他们会是英雄。可是，当灾难骤然袭来，这些极其平凡的人做出了极不平凡的事迹，任凭谁也不会否认他们是真正的英雄。这或许表明，在我们每个人的身上都存在着英雄的基因，只要有适当的环境和教育，就会英雄遍地。

2008年6月27日，中央文明办、教育部、共青团中央、全国妇联联合发出《关于表彰“抗震救灾英雄少年”和“抗震救灾优秀少年”的决定》，授予林浩等20名同学“抗震救灾英雄少年”称号，授予马小凤等30名同学“抗震救灾优秀少年”称号。这50名事迹突出的孩子组成个性鲜明的英雄群像，让人们既充满喜爱之情又感慨万千。

为什么说感慨万千呢？因为长期以来，人们对于这一代孩子充满担忧，如常有媒体说他们自私冷漠心中没有别人，说他们贪图享乐不知道奋斗，说他们脆弱经不起挫折等等。可是，在这些英雄少年身上，这些缺点不仅没有了，反而凸显出许多优良的品质，如勇于担当的责任意识、舍己为人的大爱之心、顽强不屈的拼搏精神、机智勇敢的脱险能力等等。也就是说，抗震救灾英雄少年的表现似乎颠覆了人们对于一代孩子的评价。

读《震不垮的川娃子》就像走进英雄少年的画廊，该书生动形象地描述了18位抗震救灾优秀少年的事迹。细读之后会发现他们绝大多数都是90后一代，即20世纪90年代出生的孩子。在他们的事迹中，给人最深刻的印象是负责、顽强、机智和乐观，其中，机智脱险和坚定乐观展示了新一代青少年的新特点。

如《震不垮的川娃子》开卷第一篇《家中唯一的男子汉——郑小鹏》中的郑小鹏，就荣获了"抗震救灾英雄少年"称号。这个13岁的小男子汉，是四川省德阳市什邡市红白中学初一年级男生。地震发生后，郑小鹏与幸存的老师和同学，一起用手刨开废墟上的砖块，努力营救同学。当天下午4点左右，郑小鹏发现一个被压在水泥板下的同学。水泥板里有钢筋，相互胶着，用手根本无法抬开。正在大家束手无策的时候，郑小鹏迅速跑到街上，从瓦砾下的铁匠铺里找来了截断钢筋的工具。大家将钢筋截断，搬开水泥板，将同学成功救出。当郑小鹏在救助同学时，发现附近的化工厂液氨泄漏气味难闻，又与堂哥一道翻山越岭通知附近的30多名乡亲转移。

与以往的小英雄不同，这次荣获"抗震救灾优秀少年"称号的孩子多数是机智与勇敢的，是相互促进的。如《震不垮的川娃子》中记述的康洁，11岁，是四川省阿坝州汶川县映秀小学六年级女生。地震时，康洁和同学正在上课。就在教学楼即将倒塌的瞬间，她选择了跳楼逃生。康洁说"就那么白白地死在教室里，还不如拿性命去拼一回"。教学楼前面是操场，后面是菜地。她迅速判断："操场上是水泥地，摔下去肯定死；菜地里都是黄土泥巴，跳下去还有一点希望。"康洁从楼上跳下去时，湿软的菜地救了康洁，只有腿被划伤。刚跳下来，房子就塌了，很多老师都被压住。康洁冲进倒塌的教学楼，奋力搜救被困的老师和同学。

我们该怎么解释这些平凡少年的英雄行为呢?《震不垮的川娃子》给了我们某些启示。这部作品分三个部分,第一章描述了18个英雄少年的事迹,第二章描述了8位英雄教师的事迹,第三章描述了社会各方对灾区的援助。这是一个合理而又严密的结构,说明良好的环境和教育是英雄少年成长的坚实基础。

《震不垮的川娃子》一书中记述的前两位年轻女教师袁文婷(26岁)和向倩(21岁)以及男教师谭千秋(51岁),都是在地震来临时舍身忘己救学生。他们先是指挥学生逃生,在生命的最后一刻还把学生护卫在自己的身体之下。作者写向倩时有一段描述是格外动人心魄的:

"她的讲台离门口有两米,门口的走廊和楼梯都没有塌,她只需要两秒钟就可以离开教室到达安全地带。她在大学时是百米短跑冠军,她完全可以迅速逃生。可她却把生的希望留给了学生,把死的危险留给了自己。"

这是一个极为典型的细节,因为所有的讲台都在离教室门口最近的位置,所有的教师都是最容易逃生的,但绝大多数教师都没有选择抢先逃生,而是首先抢救学生的生命。这些以爱心为魂魄的教师给予英雄少年最丰富的精神营养。

向倩生活在一个教师家庭,父亲向忠海是一所小学的副校长。当这位充满爱心的父亲把女儿断成三截的身体拼接在一起时,他含着泪说:"我能理解,她是老师,应该这样!"

大量的感人事迹告诉我们,英雄就在我们身边,英雄的精神甚至就在我们自己身上。毫无疑问,这样的发现对于教育具有深刻的启迪:我们应当相信儿童,相信儿童拥有巨大的潜能,相信儿童拥有真善美的品质,同时,我们也要懂得儿童的潜能和品质尚处于萌芽和成长的状态,需要我们在儿童心里播撒更多的阳光和雨露,这样才能把他们的潜能变为现实。

作者说她在汶川地震中,发现危难的关键时刻有三个特点:一是男孩比女孩反应快；二是平时调皮捣蛋的孩子比“高分加绵羊”的孩子反应快；三是有过生活历练的民工子弟比平时娇生惯养的富家子弟反应快。作者并且举出林浩、郑小鹏、卿静文等均为留守儿童为例，这些都是令人信服的。这或许可以表明，是生活乃至磨难造就了小英雄的成长，教育对于儿童的发展既有帮助也可能有伤害，是需要改进和完善的。

这里，也出现了值得讨论的问题，即如何看待儿童的弱点以及与英雄品质之间的关系。应当说，儿童本身是弱势群体，当灾难来临的时候，儿童表现出更加恐惧、更加退缩、更加无能，这是完全正常的反应，是他们成长中的一个过程和特点。因此，《中华人民共和国未成年人保护法》确立了对儿童应当优先保护和特殊保护的原则。当然，有些儿童在初步适应了突发事件后，可能会表现出某些英雄行为，这也是正常的反应。需要注意的是，对于英雄少年也要给予特殊保护，而不可将他们与成年人同样对待。

特别令人欣喜的是，英雄少年们不再是“高大全”的形象，而是自然地展现真实独特的个性。《震不垮的川娃子》一书中记述了荣获“抗震救灾优秀少年”称号的邓清清的事迹。她 14 岁，是四川省德阳市蓥华镇中学初一年级女生。当邓清清被武警部队的官兵抢救出来时，她还在废墟里打着手电筒看书。在一般人看来，这绝对是一个勤奋学习的典型。可是她却坦然地说：“下面一片漆黑，我怕。我又冷又饿，只能靠看书缓解心中的害怕！”可是，作者在《手电筒女孩儿——邓清清》一文中却写道：“人在绝境中做的事昭示着他的人生追求……不满 15 岁的女孩儿在绝境中捧起了书本，这是奋斗信念的驱使，是自强意识的印证。”我认为这是不符合实际的。《震不垮的川娃子》一书显然是一部“抢”出来的作品，很多篇章都是急就章，我们完全可以理解作者的困难，但这样也难免使作品有不足之处，一是对儿童的内心世界探索不够深入，二是写儿童的弱点不够充分，或者说对儿童特点的把握不到位。

表彰和学习英雄少年需要科学的态度，尤其是在抗震救灾时期，应当全面体察广大少年儿童与英雄少年的关系。邓清清承认自己害怕的内心独白，公开出现在“抗震救灾英雄少年”候选人的事迹材料中，是一个值得欣慰的突破。在相当长的时间里，我们习惯了神话英雄少年，似乎他们什么都不怕什么都敢做。实际上，在面对地震等灾害的时候，即使是成年人也会害怕，也可能不知所措，这都是完全正常的表现。因此，像邓清清这样坦然承认自己害怕，不仅不会损害自己的形象，而且还会给予同样处境的孩子以心理安慰，相信自己是正常的。

既然英雄少年们如此可敬可爱，人们对于“90后”一代的整体评价是否应当改变呢？这是一个需要以科学态度回答的问题。据中国青少年研究中心的多次调查表明，“90后”一代总体来说具有九大特征，即充满自信但较为脆弱、富有理想但不甘平凡、重视维权但时常受限、消费自主但习惯攀比、渴望同伴友谊但矛盾较多、喜欢学习但负担较重、主动使用媒介但容易失控、亲子关系缓和但沟通不畅、亲近教师但对教师要求偏高。我认为，这个概括基本上是符合事实的。

一个英雄群体的出现是一代人精神风貌的高端体现，是一个时代道德水平的标志，但不能完全代表一代人的整体状况。具体来说，英雄少年代表了少年儿童群体中的优秀部分，他们的动人事迹让人们看到了孩子身上的巨大潜能。可是，这并不等于说，一部分孩子的顽强不屈等于全体孩子的顽强不屈。

一代孩子的精神面貌决定于所处环境的社会风貌，而更直接的原因是教育的成败得失。整体而言，说“90后”是充满自信但较为脆弱的一代，是因为尽管多数少年儿童情绪稳定，积极乐观，但现实生活中仍有一部分少年儿童情感脆弱，整日被焦虑、抑郁、烦躁、痛苦的情绪控制，难以轻松快乐地生活。调查发现，19.2％的少年儿童“感到抑郁的时候比较多或非常多”。在抑郁的体验上，也存在一定的差异，初中生感到抑郁的比例（16.7％）要高于小学生（12.7％）。此外，还有近三分之一的少年儿童认为自己“感到烦躁的时候比较多或非常多”（29.9％）；有28.9％的少年儿童表示“感到苦恼的时候比较多或非常多”；18.2％的表示“感到痛苦的时候比较多或非常多”；23.4％的表示“感到伤心的时候比较多或非常多”。今天的孩子们生活条件好了，物质生活丰富了，但他们中的一些人生活得并不快乐。

当然，“90后”一代之所以较为脆弱，与教育的方法以及导向密切相关。其中一个特别值得关注的原因在于过于注重追求学业优良，“90后”一代的体育始终是弱项，劳动锻炼和社会实践明显不足。同时，心理健康没有得到应有的重视，抗挫折能力也未能充分发展起来，这也是导致孩子心理较为脆弱的原因。

如果仔细分析这批抗震救灾英雄少年的特点，人们不难发现他们大都有长年参加劳动的经历。荣获“抗震救灾英雄少年”称号的林浩，是四川省阿坝州汶川县映秀镇渔子溪小学二年级男生。虽然只有9岁，但他爬出废墟后，发现一名昏倒的女同学，立即把同学背到安全地带。紧接着，他又一次返回废墟，救出了另一名受伤的同学。在抢救同学的过程中，林浩的头部被砸破，手臂严重拉伤。当人们赞扬他有劲时，这个虎头虎脑的男孩骄傲地说：“我能帮爸爸背50斤玉米呢！”

孩子是在体验中长大的，他们体验了什么就会拥有什么。孩子都是天使，也都是巨人，关键是给予他们适当的环境和教育。这或许是《震不垮的川娃子》一书给予我们最重要的启示。

德育的首要任务是尊重和关爱每一个人

形式主义的德育是假德育

孙云晓对所有人说：各位网友晚上好！今晚我们讨论的内容的是“德育为什么成为一壶烧不开的水”。当然，大家有什么感兴趣的问题都可以说。

彩云之南对**孙云晓**说：孙老师好，说实话，我们挺不喜欢德育这个词的。

孙云晓对彩云之南说：谢谢你的坦率。也许这正暴露了德育存在的问题。德育是让人做好人的教育，如果它让很多人不喜欢，这个德育一定是出了毛病。

彩云之南对**孙云晓**说：是啊。每次说德育，就感觉是我们在那儿乖乖听着，好像我们道德品质都不好。

孙云晓对彩云之南说：中国教育的弊端与“文革”遗风有关，形式主义猖獗，许多德育是假德育。

彩云之南对**孙云晓**说：每次说德育时老师总是举出许多伟人的例子。我们感觉特自卑。

孙云晓对彩云之南说：让人自卑的德育就是失败的德育。

彩云之南对**孙云晓**说：说得太好了。我要抄下来给我们老师看，就说是您说的，可以吗？

孙云晓对彩云之南说：当然可以。德育是让人自信的，是让人成为好人的。德育的第一任务是尊重和关爱每一个人。

孙云晓对所有人说：“六一”儿童节快到了，我想起几年前的一个呼吁：希望“六一”

儿童节成为儿童的狂欢节。不知道这个梦想能不能实现。

Liuqiss 对**孙云晓**说：我觉得那是一件不可能的事情。

孙云晓对 Liuqiss 说：这就是悲哀的事情。儿童的节日儿童不快乐，那还叫什么儿童节啊？

彩云之南对**孙云晓**说：只要不让我们写什么感想一类的作文就好。

Huihui 对**孙云晓**说：您是不是也觉得现在青少年的品德比以前差？

孙云晓对 Huihui 说：不。今天的青少年在许多方面都是优秀的，关键是评价的标准是什么。用旧标准看青少年品德很差，用新标准看青少年品德很好。

Huihui 对**孙云晓**说：现在的孩子自我意识太强，比较自私。

孙云晓对 Huihui 说：自我意识强不是坏事，是否自私看怎么去评判。

Huihui 对**孙云晓**说：我觉得德育不能只讲大道理，应该做些实实在在的事，做到人的心里去。

孙云晓对 Huihui 说：是的。德育是最实在的。你希望别人怎么对待你，你就怎么对待别人。

Huihui 对**孙云晓**说：道德就是不做违背自己良心的事，德育就是教育人起码做到这一点。

孙云晓对 Huihui 说：说得好，按良心做事就是道德。这就是德育。

没有离开德育的智育，也没有离开智育的德育

彩云之南对**孙云晓**说：请问孙老师一个问题，在路边拾到100元钱，也不可能知道是谁的钱，我自己装起来，可以吗？

孙云晓对彩云之南说：这是一个人的选择。道德高尚的人会为丢钱的人着急，会想办法归还失主。

依水寒对孙云晓说：如果把 100 元换成 10 元。你觉得该怎么教育孩子归还失主呢？

孙云晓对依水寒说：中国人有个传统，不是自己的钱或不是自己的东西不能要，所以捡到的钱装到自己的兜里不是最好的选择。当然，拾到东西归还失主，应该获得适当的奖励。

Huihui 对孙云晓说：我曾在一个中学做过老师。我发现现在的孩子凡事考虑自己的多，而且首先考虑自己。

孙云晓对 Huihui 说：不一定。过去的问题被掩盖了，就像地下河，而今天变成了地上河。我觉得今天多数学生的品德是好的，如平等、独立、宽容等等。这是过去的学生所缺乏的。

Huihui 对孙云晓说：也有一些学生品德好，但不多。

孙云晓对 Huihui 说：其实爱别人从爱自己开始，为自己考虑并不是坏事情，关键是不能妨碍别人。

Huihui 对孙云晓说：我觉得能力和人格一样重要。

孙云晓对 Huihui 说：杜威说，没有离开德育的智育，也没有离开智育的德育。

秦爱德对孙云晓说：有时候我对朋友很好，可是为什么得不到同样的回报呢？你是怎么看待这个问题的？

Liuqiss 对秦爱德说：首先，我认为你这里“朋友”一词用得不妥。如果是朋友就不应该求回报。你说呢？其实我觉得人真正的朋友不会很多。

秦爱德对 Liuqiss 说：同意你的说法。

孙云晓对秦爱德说：我理解你的意思，孙敬修老人对我说“但做好事，莫问前程”。这是德育的境界。

Liuqiss 对孙云晓说：您觉得我妹妹看了您的书，会避免发生不该发生的事情吗？

孙云晓对Liuqiss说:这是不能下结论的。但看了我们的书会多一些预防的经验。

心育是德育的基础

小鸟飞对**孙云晓**说:孙老师,晚上好。德育……德育?我感觉对今天的孩子来说,心育似乎比德育更为重要。

孙云晓对小鸟飞说:心育是德育的基础,没有心育就没有德育。

小鸟飞对**孙云晓**说:孙老师,今天的德育状况,实在是令人担忧。前不久上海的一所中学做了一份问卷调查。对一个问题的回答绝大多数的学生竟然是:在纠纷中只知道讲道理的同学是傻瓜,而动手的同学才叫不吃亏!这是什么逻辑啊?

孙云晓对小鸟飞说:这个调查结果值得思考。我希望下一次讨论的内容是"如何预防犯罪侵害"。因为教训太多了,不能只怪犯罪者,也不能只怪社会防范不利。

小鸟飞对**孙云晓**说:有些孩子表面上看起来是"软硬不吃,油盐不进",真是让人伤脑筋。说多了,怕学生嫌烦,以后就不好教育了。但面对一个"顽劣"了十几年的孩子,一时真是很难找到切入点。

Huihui对**孙云晓**说:那些学校领导就知道要分数,德育在他们眼里无足轻重。

孙云晓Huihui说:是的。有些人不是办学校,而是开"学店","学店"里自然没有德育。

Liuqiss对**孙云晓**说:您这话有些不对。不是"学店"的问题,整个社会更注重的是分数。

张淑丽对**孙云晓**说:我的孩子14岁,因为违反纪律,学校准备给他处分,为此孩子背上了沉重的心理包袱,从此不再到学校上课。目前已经有一年多没有到学校上课了。现在孩子只是在家里玩电脑,不与外人接触。孩子个性很强,很要面子。

孙云晓对张淑丽说:越是这样的孩子越应当关爱,要让每一个人都有路可走。

张淑丽对**孙云晓**说：为此，我曾多次给您的热线打电话，始终未能与您联系上。我们想当面向您求教，为了孩子，为了我们的家，我希望您能帮帮我！我曾去过多家心理咨询中心，始终未能找到好的方法。现在我该怎么办？

孙云晓对张淑丽说：我们的热线是010－68455875，每周六上午九点到下午四点，电话咨询。我的网站上也有许多咨询机构介绍。

张淑丽对**孙云晓**说：这些我都知道。我已同您的热线联系长达一年的时间了。孩子目前不接纳我，我不能回家。他和父亲一同生活。凭我们自己的能力，怎样才能把孩子解脱出来呢？

孙云晓对张淑丽说：每一个父母既可能是孩子的解放者，也可能是孩子的压迫者。这取决于父母的觉醒和选择，而并不是由外界决定的。

张淑丽对**孙云晓**说：依您的看法，我的孩子目前最需要解决哪些问题？我们做父母的应该怎样做？

孙云晓对张淑丽说：反思，找出原因来，改变孩子从改变父母开始，改变教育从改变关系开始。当无法与孩子对话的时候，不如先给孩子写封信。

比能力更重要的是人格

秦爱德对**孙云晓**说：孙老师，我想问您一个问题，你对韩寒退学写书，是怎么看待的？

孙云晓对秦爱德说：韩寒走自己的路很棒，干吗非在一棵树上吊死不可呢？

秦爱德对**孙云晓**说：如果有写作天赋的学生都这样做，是不是能更好发挥学生的才能？

孙云晓对秦爱德说：不一定。有写作天赋的学生也需要接受高等教育。如果无力接受高等教育而又有写作天赋，那就向韩寒学习。

秦爱德对**孙云晓**说:我很喜欢写作,而且还很喜欢绘画。绘画是我的专业,写作是我的业余爱好。我不想有学校的约束,想自己去闯人生,可是又怕途中失败。

孙云晓对秦爱德说:自主要建立在自知的基础上。

秦爱德对**孙云晓**说:我是高三的学生,如果暂时没有大学的学历,等有一点事业的时候再去完成大学。你认为这样怎么样?

孙云晓对秦爱德说:有大学文凭自然是好的,但国情决定了大多数人不会有大学文凭。

秦爱德对**孙云晓**说:前几天看了您的网站,看到有关学生考试分数的话题。在瑞典,分数成为学生的隐私。这个教育体系会不会在中国实现?我现在很反对高中教学的死板。

孙云晓对秦爱德说:新课程改革就要改造这些。

秦爱德对**孙云晓**说:你认为现在从普通大学毕业后步入社会(平平淡淡渡过大学4年生活那种),和高中毕业后步入社会有何区别?

孙云晓对秦爱德说:比文凭更起作用的是能力,比能力更重要的是人格。

秦爱德对**孙云晓**说:您说得很对。我相信,人格比其他都重要。

秦爱德对**孙云晓**说:你说我高中毕业后去社会上闯,这条路对不对?请您帮我出个建议。我想尝试一下新的出路,体验一下别人没有走过的路程。现在如果读一所普通大学,毕业后可能仍无事可做。

孙云晓对秦爱德说:如何选择是需要论证的,要选择最适合自己的道路和模式。祝你成功!

教育应当尊重差异

Huangxia 对**孙云晓**说:我们班一位男生的父母说查找孩子访问过的网站,发现孩子登陆了成人网站。我们很紧张，想听听您的观点。

孙云晓对 Huangxia 说：不必紧张，孩子的好奇心很重，自然会上天入地。如果他是一个健康的孩子，就不必过于担心。

Liuqiss 对**孙云晓**说：我不觉得我上学的时候学业负担重，所以觉得现在不该“减负”。

孙云晓对 Liuqiss 说：今非昔比啊，“减负”是必要的，但要抓住要害。发炎的部位要消除炎症才是治本，做表面文章会害死人的。

Liuqiss 对**孙云晓**说：我觉得这样做的后果会带来三天打鱼两天晒网的现象。中学、小学的教育是一个人必须接受的，这和兴趣无关。

孙云晓对 Liuqiss 说：每个人的感觉是不同的，教育应当尊重差异。芬兰做得好，每个学生都有一个与众不同的课程表。就是因为每个人的基础不同，需求不同。

小鸟飞对**孙云晓**说：人们一直在指责今天的孩子怎么这么难教育。我在想，这到底是怎么回事呢？孩子的问题归根结底是家庭（父母的教育观念）、学校（教学教育的价值观）、社会（尤其是媒体的社会责任意识）出了问题。

孙云晓对小鸟飞说：今天的时代是“菜鸟”教育“老鸟”的时代，也就是说是一代信息不灵的人教育信息灵通的人。怎么能不困难？

小鸟飞对**孙云晓**说：前天，有一个孩子的妈妈被叫到学校（因为孩子逃学）。我听到那个学生竟然用最难以出口的脏话来回答他妈妈。我当时的反应只能是心被气得通通跳，所以也就不管和自己有没有关系，批评了他，当然也努力控制自己的语气和情绪。

孙云晓对小鸟飞说：凡是存在的都是合理的。他能用脏话骂母亲，一定与他成长的环境有关系。

小鸟飞对**孙云晓**说：孙老师，看到很多朋友在谈论青少年性教育的话题。我想说一件自己比较有体会的一件事(和刚才我提到的那个学生有关的)。记得有一次,一个同事和他谈早恋的问题。他说,他25岁以后再考虑结婚的问题。同事问为什么。他回答说科学老师讲过人到25岁才可能成熟。当然我还和他们讲过少女怀孕可能带来的一系列伤害,那次听到学生这么说,我心里还是感觉很欣慰的:我的教育起了作用,有了价值,至少他可能不会在这个问题上糟蹋自己的青春和生命。

孙云晓对小鸟飞说:千万不要吓唬孩子,任何违反科学的教育都要付出代价。人类的经验证明科学是人类真正的朋友。

蓝玫对**孙云晓**说:说得真好,吓唬只会起反作用。

孙云晓对蓝玫说:走适合自己的路,才是成功的路。

小鸟飞对**孙云晓**说:那个学生的妈妈竟然对儿子说,她今天到学校来,要被扣掉100块钱的啊!(很埋怨的口气)听了这话,孙老师,您会有什么反应?当时听了他妈妈那么说,我很生气:是你孩子重要,还是你那100块钱重要?当然我没说出这些话来。

孙云晓对小鸟飞说:这就是环境造就人。

小鸟飞对**孙云晓**说:和学生聊天,我问他们回家后都干什么。他们异口同声地说看电视!可爱又可怕的电视啊!昨天电视里有一个收视率很高的节目,主持人对一位现场嘉宾的评价是“你的衣着不是很时尚”。一番包装后,嘉宾头发、妆面都发生了变化,衣着也变成了低胸T恤衫。后来再看其他节目主持人(女),一律是低胸加紧身的装束。我在想,这是什么引导?小孩子看了会有怎样的心理反应?

孙云晓对小鸟飞说:儿童看成人节目会发生认知障碍,所以应多让孩子看儿童文学和知识类的内容。

(2004年5月聊天记录精选)

第五章

|对孩子说“不”是成年人的责任|

无批评教育是伪教育

长期以来，中国教育界在反思尊重学生的过程中，又走进了重表扬、轻批评的误区，甚至出现了所谓的“无批评教育”。的确，教育以表扬为主，要正面引导，这是符合人的成长规律的。但是，以表扬为主，并非以表扬为唯一的全部的方法。教育是讲究分寸的，适当为佳，过之或不及均不能取得理想效果。我们需要看到，与表扬相对的批评，与奖励相对的惩戒，对于每一个人尤其是成长中的学生来说都具有特殊的意义。

有一个学生干部贾华威（化名）带头嘲讽、打击某位同学，使该同学处于孤立的境地。然而，贾华威在班里很有威信，颇得师生赏识，几乎从未有人批评过他。那么，如何处理他的错误行为呢？

可以说，在学校里这一类学生干部并不少见。如果对其行为视而不见，或者轻描淡写地提醒一下，是不可能起什么作用的，而这往往是一些爱才心切的教师的选择。其实，贾华威的行为是出自极其恶劣的心态，尽管它在贾华威身上仅仅是个嫩芽，却是一种邪恶的生长。关于这一点，前苏联著名电影《丑八怪》（又名《稻草人》）揭示得淋漓尽致。

一个一心当英雄的学生干部，见义勇为保护一个转学来的丑女孩。可是，当丑女孩因感激他而代其受过之时，当同学们因误解而无法原谅丑女孩时，他居然带头折磨丑女孩。这一部电影之所以震撼人心，在于从纯洁的灵魂中“拷问出了罪恶”。那个学生干部既惧怕承担责任，又恐惧失去同学们的拥护，一念之差，便把灵魂交给了魔鬼。

我想，贾华威们就可能属于这一类角色。当然，这是成长中的问题，贾华威们并非坏人。但是，他们太需要教育的惩戒，以促使其深刻反省，迷途知返。

批评惩罚教育可以称为教育惩戒，其核心是教育人承认自己的过失并对过失承担起相应的责任，其方法则是以尊重的态度唤醒有过失者心中沉睡的巨人，靠自己的力量战胜自己。教育惩戒的原则是尊重，即之所以惩戒人，是因为人的美好而非丑恶，是相信人而非鄙视人。用中医之说比喻教育惩戒最形象准确，那就是扶正祛邪。

我建议，应当对贾华威们的错误行为进行入木三分的剖析，实施“厌恶疗法”，让他们学会审丑，从此唯恐避之不及。让他们在有充分的心理准备的基础上出一身冷汗，如坐针毡。可以相信，这样的教育惩戒对于一个孩子将刻骨铭心，终生受益。

教育的艺术是爱的艺术。作为教育的艺术之一，教育惩戒与体罚、心罚截然不同，这是因为它不是出自恨或虐待之心，而是出自博大而深沉的爱。

目前，中国的教育一大毛病是“缺钙”，而病因之一就是缺乏教育惩戒，缺乏真正的唤醒。教育惩戒的目的，是培养人“面对挫折不被压垮的能力”，或者说是培养一种“压弹”素质。

关于“压弹”素质，毕业于哈佛大学的心理学博士岳晓东教授有许多独到的见解。在 2004 年 8 月号《少年儿童研究》杂志的专家视点中，他介绍道：“压弹”是国际心理学界正在兴起的一个全新的概念，它结合应激心理学与健康心理学的最新研究成果，以一种新的视野来看待个人的应激反应。“压弹”原本是物理学的一个概念，泛指物体接受压力时的反弹，运用到心理学曾有人把它译作“抗逆”或“反弹”。岳博士认为，“压弹”既保持了其原有的物理学含义，又表达了个人面对生活压力和挫折中的反弹能力。从整体上看，在我们的现实生活中，“压弹”是个人面对生活逆境、创伤、悲剧、威胁及其他重大压力的良好适应。换句话说，面对生活中的逆境，人既要有耐挫能力，也需要排挫能力。我们提倡对青少年进行“压弹”教育，就是促进其自我成长和人格完善。

我赞成岳博士的分析，但我建议应当特别注意对孩子“压弹”体验的了解和引导。完全可以预知，当孩子尤其是青春期少年面对重大挫折时，其内心是充满了惊涛骇浪的。就像面对一个随时可能爆炸的火药筒，教育者的工作是屏住呼吸，以轻柔而准确的动作，拆除其引信或导火索。当然，这是一项高难度的教育技术，又是一个高风险的挑战，但为了孩子，哪一位父母和教师不需要获得这一能力呢？

那么，该如何对孩子进行批评惩罚教育或者“压弹”教育呢？我的教育建议是：

第一，父母要建立亲子间的信任。因为没有信任就没有教育。作为父母和教师要为人师表，教育孩子才有权威性。如古人云：其身正，不令而行；其身不正，虽令不从。

第二，强化规则意识，培养孩子养成遵守规则的习惯。现代社会的重大特征是由人治走向法治，而法治社会必定是规则社会。人之文明与否其实就区别于是否遵守规则。所以，家应有家规，校应有校规，并且严格遵守，方能培养出高素质的人才。批评惩罚孩子应依规则行事，切不可随心所欲。规则即轨道，出轨既生祸，这应当成为共识。

第三，给孩子陈述的机会。著名心理学家皮亚杰认为，孩子是在犯错误中长大的。因此，面对孩子的错误，父母不必惊惶失措，而应视为成长的良机。事实上，孩子犯错误的时候，往往是最容易教育的时候，因为人人都有的向上之心，已经在悄悄地起作用了。关键在于因势利导，促使孩子内心的矛盾向真善美转化。如果这样做了，就能引导其明辨是非及原因，激励其强烈的自信心和责任感。

对儿童实施惩戒教育的原则与具体方法

现在社会上流行着一种无批评教育，似乎对学生多加鼓励就可以解决一切问题。我的观点恰恰相反。我认为，无批评教育是伪教育，没有批评的教育是不负责任的教育，是缺钙的教育，是危险的教育，因为经不住批评的孩子是脆弱的。对父母和老师来说，一定要在必要的时候对孩子说不，并坚持到底，这是孩子成长的人生路标。因为孩子如果没有接受过惩罚，也就学不会承担责任。

惩罚绝不是体罚，惩罚的前提是尊重

我一直在强调，父母对于孩子的教育在提倡表扬、奖励的同时，不应该忽视“惩罚”在教育中的积极作用。夸奖、表扬孩子，应该是发自内心的而不是表面上的，如果仅仅是害怕引发孩子的极端行为与举动，而一味地姑息孩子犯下的错误，这将会酿成大错，因为没有惩罚的教育是不完整的教育。

惩罚孩子的九个原则

卢梭在教育名著《爱弥儿》中说：“你知道不知道用什么办法准能使你的孩子得到痛苦？这个方法就是百依百顺。因为有种种满足他欲望的便利条件，所以他的欲望将无止境地增加。结果，你迟早有一天不能不因为无能为力而表示拒绝。但是，由于他平素没有受过你的拒绝，突然碰了钉子，将比得不到他所希望的东西还感到痛苦。”

在孩子犯错的情况下，对其进行适当的惩罚是必要的，但一定要在尊重孩子人格、维护孩子自尊心的前提下进行。惩罚绝不等于体罚，更不是伤害，不是心理虐待、歧视，让孩子觉得难堪，打击孩子的自信心。惩罚是把双刃剑，是一种危险的、高难度的教育技巧，弄不好会伤害人。所谓惩罚是让孩子对自己的过失承担责任，有很多种方式。孩子从小在一片赞扬声中成长，固然对信心增长有好处，但是一个人如果没有受到过惩罚，他也会经不起挫折，不能敢于承担责任。

我一直强调:惩罚绝不是体罚，惩罚的前提是尊重。

惩罚绝不等于体罚，惩罚是一种教育手段，越是惩罚学生越要尊重学生。惩罚的方法是唤醒孩子心中沉睡的巨人，其目的是让孩子对自己的过失负责。惩罚应该是让他明白，他是一个人，他要对自己的行为承担责任。其实当一个人做了错事的时候，他内心里有一种惩罚自己的需要。这是一种心理需求，为自己的愧疚承担责任，从而取得心理平衡。

1922 日年 7 月 4 日前夕，也就是美国国庆日前夕。一个 11 岁的美国男孩，搞到了禁用的烟花爆竹。其中一种威力特大的爆竹叫“鱼雷”。一天下午，他到一座桥边，朝桥边的砖墙放了一个“鱼雷”。一声巨响，引来了警察。他被带到了警局，因违反禁令，要罚款 14.5 美元。14.5 美元在当时是一笔大数目。这个孩了没办法，回家找爸爸。爸爸问，“鱼雷”是你放的吗？孩子说是。爸爸说，罚款他先替孩子交上，但这钱是爸爸借给他的，一年后还。在接下来的一年里，这个孩子擦皮鞋、送报纸、打工挣钱，挣回了14.5 美元还给父亲。这个孩子长大后成了美国的总统，他就是里根。这是他在回忆录中写到的一个故事，他说正是通过这样一件事让他懂得了什么是责任，那就是为自己的过失负责。

但究竟应该怎么惩罚孩子？有了“错误”是否就应该立即去惩罚？我的教育建议是:

惩罚孩子的前提是肯定孩子。每个孩子都有值得父母赞扬的优点，当父母要惩罚孩子的时候，内心里首先要相信孩子还是好孩子。同时，父母也要在惩罚的时候把自己的内心感受跟孩子说清楚，让孩子知道他在父母眼里并非一无是处。

犯错后立即惩罚。一些父母常常说：“看我回家怎么收拾你！”“你等着，等你爸回来了有你好看的！”这些话对孩子来说大多会起到两个作用：要么诚惶诚恐，只想赶快逃离家庭；要么不当一回事，把父母的话很快忘掉。这样无法起到惩罚作用。所以，当您发现孩子做错了事，赶快执行惩罚措施。

平时要把对孩子的要求讲清楚。有些父母平时很少和孩子谈要求，即使谈了也未必清楚明了，总觉得自己明白的孩子就一定明白。但孩子毕竟是孩子，他的理解力和成年人之间是有差距的。所以，父母们要把自己的希望、要求、规则都对孩子讲明白，并且与孩子达成共识甚至约定。这样，当孩子违反规则时就可以惩罚他。

惩罚之前可以先对孩子进行警告。小孩子的自我控制能力往往不如成年人，因此，父母务必慎用惩罚，在惩罚之前告诉孩子，如果再不改正错误就要受到惩罚。这样就可以给孩子一个自我纠正错误的机会。

要向孩子说明惩罚的原因。在对孩子进行批评之前先给孩子讲道理，让他明白为什么惩罚他，这样有利于他改正错误。如果孩子在迷迷糊糊中被惩罚，他会感到很委屈。

惩罚前后要一致，要说到做到。如果告诉孩子，因为他犯了错误而惩罚他，不允许他去看最喜欢的电影了，就一定要做到，说话算数，不要因一时心软又改变主意，那样将使父母所说的许多话都失去效力。

惩罚不要“翻箱倒柜”。有些父母爱唠叨，孩子一旦犯了错，就忍不住把孩子过去做错的事情都拿出来数落一番。在父母没完没了的唠叨声中，孩子往往已不记得自己的哪一个错误才是需要惩罚的了。

惩罚要适度。父母给孩子的惩罚，要因人因事而定。有些孩子性格比较内向、敏感，对这样的孩子，也许瞪他一眼，或者冷落他一会儿他就受不了了。而有些孩子则比较皮实，即使父母打他的屁股他也不觉得怎样。因此，父母要了解自己的孩子，知道他是个怎样的孩子，以免惩罚过度或无效。另外，父母也要根据实际情况来惩罚孩子。如果在公共场合，或者孩子所犯错误不那么严重，就不要用过于严厉的方法对待孩子。

惩罚要对事不对人。父母之所以要慎重使用惩罚方法，就是因为不当的惩罚会给孩子的心理带来巨大的伤害。因此，建议父母们在惩罚的时候要让孩子明白，惩罚的只是他的错误行为，他仍然是父母所喜爱的孩子，如果改正了错误，父母会更喜欢他。

打孩子是愚蠢的

我在我的网站上每月都有一个晚上和网友交流，其中有许多父母问我许多有关于教育孩子的问题。许多人以为我是教育专家，一定是一位成功的父亲。许多朋友也羡慕地说我："你教育孩子准不成问题。"

然而，实践证明，我的家庭教育也有问题，尤其在孩子还小的时候，我还没有深入研究儿童教育，我不是一位好父亲。其中，我犯过的错误中最愚蠢的就是打孩子。

我的女儿长得很可爱，加上性情活泼，很招人喜欢。我自然喜欢她。记得那一年，女儿才5岁。有一次，妻子外出办事了，我在书房写作。女儿在卧室玩耍，过了好长时间也不见出来。我有些不放心，叫道："冉冉，你干什么呢？过来。"

女儿答应着我却又磨蹭了一会，才慢慢地走到书房来。她的黑眼睛一眨不眨地望着我，一副不知所措的样子。我一看便明白了，她准有个小秘密。

我问："你在睡觉屋干什么了？"

女儿有女儿的语言，她称卧室叫睡觉屋，称书房叫看电视屋，管门厅叫吃饭屋，抓住本质特点，直截了当。我们受她的影响也这么叫着。可是，听了我的问话，她什么也没回答，还是用黑眼睛望着我，轻轻咬着嘴唇，用不多的心眼儿抵抗着我。

父亲的权威受到了损害，心中易燃的怒气升起来了。我放下笔，提高声音再次喝问：

“说！你刚才干什么了？”

见我发怒，她恐惧地哆嗦了一下，但依然没开口。我顿时怒不可遏，三两步冲到她的面前，一把拖转了她的身子，朝着她的屁股狠拍起来。我的手重，又下了狠劲，打得她哇哇大哭。

“说不说？不说我还打你！”

我当时的面容一定很凶恶，仍挥着发麻的右手掌威胁她。女儿毕竟胆小，抽抽噎噎地回答：

“我怕说了你打我，才没敢说的。”

“你说吧，说实话爸爸不打你。”

我隐隐有些后悔：女儿不敢把真实情况告诉我，这正说明我不能得到她的充分信任。我曾对不少父母说过家庭教育成功的标志之一，是孩子肯把自己的真实情况告诉父母。

从女儿的坦白中我知道了，刚才她一直在观赏妈妈的化妆品，试穿妈妈的衣服。固然，我不赞成孩子化妆，但对孩子爱美之心的萌动，是非常理解的。在这种时候，适当的点拨与引导比什么都重要，而我却用巴掌教训了她。

当然，错误的教育不会像一时的乌云那样，被风儿一吹便烟消云散，踪迹全无。相反，错误的教育则必然酿造出恶果。

平时，女儿在做游戏当中，常常会把布娃娃狠狠地摔在地上，高声训斥着：

“哼，谁叫你不听话的？你以为我不敢打你吗？我打烂你的屁股！”

“全班小朋友就数你讨厌，还自觉得不错呢，到小黑屋呆着去！”

……

我一边听着，一边深感震惊：这不正是我训斥她的声音吗？后面一句显然是从幼儿园学来的。这一切都表明，错误的教育已在她的心里打下了烙印，并可能转化为支配她行动的某些因素。这是多么可怕的隐患，而我和某些老师竟成了培植祸根的人！

我们通过调查发现，有一半以上的父母都打过孩子。而且中国还有一句话叫“棒头下出孝子，不打不成器”。但实际上有大量的研究证明，打孩子是愚蠢的，打孩子的后果是严重的。

经常打孩子，最常见的结果有两种：一种是你打他，他就打别人，你打出了一个小霸王。在孩子当中是这样的，有些孩子在家中受了气，他就去攻击别人。第二种结果你打他，打出一个胆小鬼。因为你孩子太小了，你太大了。他发现你发火的样子很可怕，孩子害怕。结果孩子就是条件反射，大人声音一高就开始哆嗦。结果这样的孩子一出去什么都怕，见到谁都怕。我知道，许许多多打孩子的爸爸，大概都是为了孩子好，但是后果往往并不有利于孩子，反而给孩子的身心造成了极大的伤害。给孩子一拳一脚，实际上孩子感到最大的伤害不是皮肉之苦，而是人格上的侮辱，精神上的伤害，他会产生一种怨恨。所以说对孩子的发展是非常不利的。做父母要记住这样一句话：打孩子是愚蠢的，打孩子是没有好结果的。我的教育建议是：

尊重孩子的权利。父母要学会用文明的方法对待孩子，用爱呼唤爱，用真情呼唤真情。因为孩子作为独立的个体，具有被尊重的权利。拳脚相加是一种不道德不文明的行为。要知道，父母可以惩罚、批评孩子，并不意味着可以不尊重孩子。我们可以找到足够的办法让孩子更好地接受道理，改正错误。所以我们要放弃、要改变打孩子的陋习。打孩子既是违法的，也是不明智的，而且有可能使问题恶化。这世界上几乎没有一个孩子是被打好的。因为当孩子被打得多了，他的思维就会僵化，学习也只是应付了。何况打孩子还可能把亲子关系打糟，关系不好教育效果就更糟了。所以一定要善待孩子，将心比心是做好教育的最简易方法。

打孩子之前先数数。往往多数父母打孩子的时候是一时冲动。我认为，当打孩子的时候，千万要注意，发怒的时候可以给自己立一个规定，打孩子之前先数数，从 1 数到100,实际上你数数的过程就是一个让你冷静的过程。这样教育孩子才会理智。

让孩子自己找出犯错误的原因。有父母问,如果不打孩子,那么怎样找到合理的批评、惩罚孩子的方式呢?其实可以让孩子自己找出错在哪里和犯错误的原因。父母要冷静耐心地引导孩子,帮助孩子认清自己身上的错误,还可以共同作出规定,如何改正或保证再不重犯的一些规定,让孩子养成自己要为自己的错误负责的习惯。

巧妙运用自然惩罚法

有个美国孩子叫威尔逊,他是一个马虎的男孩子,经常丢三落四。有一天,他回到家高兴地对妈妈说:“妈妈,我们明天要去夏令营!”

妈妈说:“哦,是吗?那你要把东西带好呀!”

男孩说:“放心吧,我自己来准备,一定能准备好的。”

妈妈看到儿子开始把衣服、鞋子、水壶等东西收拾起来,当他收拾好了,他让妈妈来看,以表示自己很能干。妈妈过来一看,发现儿子没有准备手电筒,而且衣服带的也不够。但是妈妈很有智慧,她只是提醒了孩子:“儿子,夏令营可是有晚上的活动,而且可能出去会凉一点。你自己再考虑考虑带的东西够不够。”儿子信心满满地说:“你放心吧,我全都准备好啦!”妈妈不说话了。

儿子走了,过了几天从夏令营回来了。妈妈问儿子:“玩得怎么样?夏令营过得开心吗?”儿子说:“挺开心的,可就是衣服带得不够,冻得够呛。真没想到山里面这么冷!我还忘了带手电筒,想跟别人借可是别人都得用,我就只好跌跌撞撞的,差一点出麻烦。”

妈妈说:“是吗?这可以说是个教训呀,以后如果再有这样的活动你应该知道怎么办了吧?”

儿子说:“以后我再出去活动就要像爸爸一样先列一个清单,好好想想,再问问别人，到底需要什么东西，要准备充分一些才对。”

听到孩子的这样的说话，作为父母，你难道不感到欣慰吗？

让孩子自己承受行为过失或者错误造成的后果，感受因此产生的不愉快甚至痛苦的心理惩罚。这就是自然惩罚法。

自然惩罚法，是法国教育家卢梭提出的一种教育方法，就是当孩子在行为上发生过失或者犯了错误时，父母不给孩子过多的批评，而是让孩子自己承受行为过失或者错误直接造成的后果，使孩子在承受后果的同时感受到不愉快甚至是痛苦的心理惩罚，从而引起孩子的自我悔恨，自觉弥补过失，纠正错误。

卢梭说：“我们不能为了惩罚孩子而惩罚孩子，应当使他们觉得这些惩罚正是他们不良行为的自然后果。”这也许就是自然惩罚的要旨。

我对女儿也运用过自然惩罚法。

那是女儿小学四年级的时候，她很爱睡懒觉。早上妈妈叫她：“起床啦。”

“待一会儿。”

“该起来了！”

“待一小会儿。”真要是晚了，女儿就说：“都是你们，让我迟到了，怎么办啊？”

后来，我给她一个闹钟并告诉她，上学是她自己的事情，自己的事情自己做。从第二天开始，该几点起来自己上闹钟，闹钟响了不起来，她就是睡到中午 12 点也没人叫她。

妻子问我能行吗，我说放心吧，孩子能跟父母耍赖，不敢跟老师耍赖，你看她起来不起来。刚开始几天不行，闹钟一响，她手一抬就按掉了，结果睡过头迟到。我们也不说话，她自己也没话好说。几次下来，她自己就开始想办法，放两个闹钟，再把一个闹钟放在手够不到的地方。时间久了，她慢慢地养成按时起床的习惯。

在运用惩罚方法上，我觉得要善于运用“自然后果惩罚法”。孩子是在体验中长大的，不是在说教中长大的。教育家陈鹤琴曾经说过，教育有一个原则，孩子进一步，大人就退一步，凡是孩子自己能做的，大人就不要替他去做。孩子进一步，大人退一步，孩子就长大了，这就叫成长，这就叫教育。自然后果惩罚法就是让孩子去体验，在体验中进步。

如何运用自然惩罚法，让错误成为孩子成长的催化剂？我提出下列教育建议：

让孩子对自己的行为负责。学会对自己的行为负责，是每个孩子成长过程中重要的一步。“自然惩罚法”的目的是让孩子体会到他们的行为所带来的自然后果，从而知道要对自己的行为负责任。在这种方法运用的过程中，父母要尽量减少对孩子行为的干涉，让孩子自己选择，他会在实践中尝到自己选择的后果。如果父母总是不停地唠叨、埋怨，孩子们就会转移注意力，他们觉得保护自己不受谴责和维护自尊心才是最重要的，因而有时候甚至反其道而行之。

父母可以提醒孩子，但不要教训孩子。父母可以和孩子讲清道理，让孩子懂得某种行为可能带来的后果。当孩子出现某种不良行为的时候，父母可以提醒他，但不要教训他，因为过失所造成的后果将会给孩子适当的教训。

父母要态度坚决，同时又要充满爱心。有的父母在运用这种方法的时候，只记得要惩罚孩子，因此常常放弃了父母应该具备的爱心。当孩子没有按照事先说好的去做时，父母不是让自然后果去惩罚孩子，而是过于严厉，对孩子大声斥骂。这样的教育，不再是自然惩罚法，而变成了父母对孩子的惩罚行为。

自然惩罚法并不是对孩子的所有行为都适用。一般来说，只要当过失后果不会损害孩子身心健康的时候，父母才可以让孩子尝尝这种后果带来的惩罚，如孩子挑食，父母可以让孩子尝尝挨饿的滋味；孩子不好好穿衣服，父母可以让孩子尝尝受冻的滋味；孩子固执，父母可以不管他，让孩子感受到固执带来的麻烦。如果过失造成的后果可能给孩子带来心理上的折磨，父母最好不要用，因为孩子的自尊、自信比什么都重要。

好父母要藏起一半爱心

如果把孩子比作驾驭小船试航人生之海的小船长，那么，父母与教师便是导航的罗盘和灯塔，必须时时提醒缺乏经验的小船长，哪里有险恶的暗礁，哪里是畅通的航道。

毫无疑问，处于导航者的位置，如果只是赞赏小船长的勇气和智慧，而不发出前方险情的警告，恐怕与谋杀者无异，尽管他可能爱心无限。

美国的一位母亲叫塞斯娅·怀斯，她写了一本书叫《别闹了，孩子》(中译本《可以对孩子说不》)，我看完后十分惊讶：这是美国人写的书吗？怎么和中国父母的想法一样呀？美国的孩子不是很自由吗？他们的父母怎么会有那么多惩罚措施呢？

这使我不禁想起了朋友给我讲的一个故事。

有一个外国妈妈领着8岁的女儿到中国朋友家做客。朋友准备欢迎客人的晚餐，告诉大家，晚餐准备的是西餐。8岁的女孩一听吃西餐，就觉得中国人做的西餐肯定不好吃。她就说今天她不吃冰激凌。因为按照惯例，吃西餐最后上一个甜点，一般是冰激凌。

没想到朋友的妻子做的西餐很好吃，冰激凌也很诱人。一端上来，8岁的女孩眼睛都亮了，直嚷着："我也要吃冰激凌，我也要吃冰激凌。"但是主人在做的时候是按份做的，做的份数正好，并没有女孩的份。朋友的妻子就想把自己的那一份让给孩子。

没想到外国妈妈说，"NO！我的女儿刚才说过她不吃冰激凌，她今天就不能吃冰激凌。"可8岁的女儿一个劲地说："我要吃冰激凌，我特想吃冰激凌。"朋友的妻子心软了："给她吃吧，孩子嘛，经常说话不算话。"

可是外国妈妈仍然坚持说："她自己说不吃，她必须对自己说过的话负责任，今天她不能吃冰激凌的。"

我觉得这位外国妈妈十分理智。试想，当孩子有了这样的一次经历，她今后说话能不注意吗？她还能乱说吗？我常常说，孩子是在体验中长大的，不是在说教中长大的，正是这个道理。有了这样的亲身经历，她就会记忆深刻，刻骨铭心地记着：今后要慎重，想好了吃还是不吃。

我想，我们做父母的要向这位外国妈妈学习，要敢于对孩子说"不"，让孩子承担自己决定的后果，切身的体验就会难忘，这就是深刻的教育。

父母要学会对孩子说"不"，因为对孩子说"不"，其实也就是在培养孩子的责任心。但是在现实生活中，父母们却犯了一个很大的错误，就是让孩子放弃了责任。譬如当孩子犯了错误的时候，许多父母都会替孩子赔礼道歉，渐渐地让孩子感觉到原来发生任何事情父母都会帮他解决，甚至认为父母替他赔礼道歉是天经地义的事，无论什么事都有爸爸、妈妈、爷爷、奶奶替他承担。孩子慢慢就会成为任性、自私、不负责任的人，这就是我们教育的一个失误。

没有责任心的孩子长不大，父母不要剥夺孩子体验责任的机会，让孩子在体验中成长，然后他才会永远记住自己的责任。什么事情最难忘？往往就是教训非常难忘。不论孩子有什么过失，只要他有一定能力就应当让他承担责任，这才是现代父母的真正爱心。

父母要敢于对孩子说"不"，我的教育建议是：

第一，藏起一半爱心。在孩子成长过程中，处处依赖别人是坏习惯。我们要培养孩子的独立性。孩子成为一个自理自立的人，一个基本的标准就是要自己的事情自己做，自己对自己负责任！如柴洁心老师所说，做父母的要藏起一半爱心，凡是孩子能做到的事情，我们不要替他去做，放心地让孩子自己体验犯错误后的苦头。苦头吃上一些之后，他就会慢慢地改掉坏的习惯，而且记忆深刻。

第二，申明规矩。没有规矩不成方圆，父母要事先和孩子定好规矩。如外出购物或到餐馆吃饭时，要规定：不能买计划外的东西，不许吵着要额外的东西吃等。还可以事先提醒孩子：如果不守规矩，立刻打道回府。

第三，适当运用"命令"。往往由于孩子的年龄太小，可能因为经验不够或者胆量不足而不敢或不愿意承担责任时，需要父母运用"命令"，要相信孩子的潜力，有时用"命令"强制孩子去体验，可能效果会更好。

为孩子做榜样是成人的天职

谈到儿童教育，许多人会说人是环境的产物，并举出孟母三迁的经典案例。问题在于什么是环境？毫无疑问，人们日常生活的社区，就是家庭之外最重要的环境。但是，我想说明的是，环境不仅仅是各种建筑和各类场所，也包括社会风气，尤其是成年人的影响力。甚至可以认为，对于未成年人来说，成年人的言行举止是他们成长的第一环境。

在成年人如何为孩子做榜样方面，德国的传统做法或许值得我们借鉴。在德国，几乎看不到成年人闯红灯的现象。这究竟是什么原因呢？我问过好几位德国朋友，他们的回答差不多是一样的：成年人的身后站着孩子啊！小孩子是模仿着成人长大的。如果成年人不遵守交通规则，孩子们就很难学会遵守交通规则。因此，在德国，如果哪位成年人闯红灯，其他成年人便会立即提醒他：您的身后站着孩子呢。轻轻一句提醒的话，为什么分量很重呢？就因为要给身后的孩子树立榜样。这已成为德国成年人共同的价值观和文明习惯。

儿童长大的过程是一个社会化的过程，自然也是一个学习的过程，并且是观察学习的过程。因此，每一个家庭和社区都是儿童学习生活最长久的学校。显然，什么是荣，什么是耻，如何处理个人与国家的关系，是儿童最基础的道德必修课，需要每一个成年人来为孩子们做出榜样。

第六章

|健康的性让生命之花更灿烂|

呼唤"阳光法性教育"

进入21世纪，青少年性健康教育变得更为紧迫了。然而，尽管此项教育对青少年身心发展极为有益，推进起来却依旧艰难。

相当一些人认为，中国国情与西方不同，不适合公开谈论性问题。再说，我们一代代中国人没受过什么性教育，不也照样结婚生孩子嘛。其实，这个观点只知其一，不知其二。过去的时代是性信息封闭的时代，未受性教育也能稀里糊涂生活，尽管爱情婚姻质量差得惊人。而今天，早已进入性信息开放的时代，甚至进入了一个充满性诱惑的社会，不接受良好而系统的性教育，青少年怎么从容应对呢？

近些年发生了许多青少年性罪错的悲剧，重要原因之一是性信息开放的时代与性观念偏差的个人不对称，导致许多青少年走向歧途。大量研究证明，今天的青少年性发育提前，女孩在小学高年级来例假者比比皆是，初一男生出现遗精现象也不鲜见。可是，在国家规定的课程安排中，性教育课一般在初中二年级才进行。且不说这种教育方法及效果如何，仅仅其严重滞后不就值得人们反思吗？

早在20世纪60年代，周恩来总理就郑重提出，应当在男孩子首次遗精之前，在女孩子来初潮之前，将性的知识教给他们。应当说，这是一个科学的建议，可半个世纪过去了，至今未在中国成为现实。

孩子的成长是不能等待的。于是，青少年们开始自己探索性问题，尽管知识来源不那么权威，甚至是胡言乱语的。这种自由探索的结果之一是性观念开放。据北京一位高中生做的调查结果显示，50%以上的中学生认为，只要双方有感情，就可以发生性关系。与此同时，不少中小学却常常只抓教学，只抓分数，很少关注学生的情感世界，使这一个本该草肥水美鲜花盛开的世界，变成了沙尘暴频频光临的荒漠地带。

当问题发生并震撼社会时，有些人归罪于媒体的误导。不错，媒体尤其网络某些不负责任的做法，的确对青少年产生了不良影响。青少年与媒介尤其与网络的亲密接触值得特别关注。据2008年底的统计显示，在中国2.98亿网民中，青少年网民占55.9%，人数已高达1.67亿。由此可见，青少年已成为网络使用者的主体。但是，必须看到，媒介对人的影响并非即时发生的，即任何媒介内容对不同人的影响是不同的。自身素质良好的人，受不良媒介内容影响小，反之亦然。所以，提高人的优良素质是最根本的办法。当然，媒介的规范与改进也应同步进行。

综上所述，青少年性健康教育是刻不容缓的。问题是，性健康教育的内容是什么？应当怎样进行？我建议在中国推行"阳光法性教育"。

第一，性健康教育是内容丰富而严密的体系，至少包括性生理(包括性别知识)、性心理、性道德、性法律、性美学等内容。换句话说，性教育绝非只是知识性的，更不仅仅是技术性的，而首先是一种现代的人生理念教育，一种现代的价值观教育，一种高尚的情感教育。

第二，性健康教育是一个终身教育过程。我建议在小学二、三年级开设性教育课，讲解性的知识；到小学高年级或初中，讲性心理与性道德；到高中和大学，讲性美学，讲爱情与婚姻等等。

第三，性健康教育是神圣的、科学的，也是浪漫的。在中学和大学，可在优美的环境里，朗诵赞美爱情的诗歌、散文，讲述古今中外的爱情故事，讨论什么是真正的爱情。同时，为满足青少年与异性接触的合理需求，可经常组织一些舞会、体育比赛、野营等活动，以缓解其焦躁的情感状态。

人类应当恪守这样的信念：爱情是伟大的、美好的、珍贵的，爱是人生不竭的动力！

没有爱就没有世界！

不能让性成为脱缰的野马

没有性教育世界将失去平衡

孙云晓对所有人说:各位网友晚上好,今晚我们讨论“呼唤阳光法性教育”,请大家畅所欲言。性教育在中国是一个敏感的话题,我们的聊天室也是第一次讨论,不知会是什么样子。谁来开个头?

~铢对**孙云晓**说:您可以解释一下“阳光法性教育”的确切含义吗?

孙云晓:所谓阳光法是指公开地、美好地进行,因为性教育是科学也是艺术,应当如此。中国的性教育过于神秘,造成了不良的后果,今天应当改变了。

~铢:可是几千年的传统思想已经是根深蒂固,恐怕很难突破的。

孙云晓:实际上已经有所突破了。如许多展览、画册、讲座都传播了性教育信息,并受到了欢迎。

~铢:可是在中国,它还是一个很敏感的话题,即使是成人也无法坦然谈论。

孙云晓:没有接受过性教育的父母,可能很难对孩子坦然谈论。或许可以买几本小册子放在家中,供孩子阅读,这个办法也不错。总之,性教育是不能回避的。

~铢:在学校,如果男生和女交往稍密,就会招来父母和老师的训斥 ,他们哪敢和我们谈这些呢?

孙云晓:越封闭就越愚昧,越愚昧就越容易出问题。成功的性教育会使男女生交往趋于正常。其实,青春期里男女生不接触才是问题呢。

家有小女对**孙云晓**说:很佩服您有勇气讨论这个敏感的问题。

孙云晓:这其实算不上什么勇气,已经落后于现实了。世世代代中国人几乎都没有接受过系统的性教育,真是天大的遗憾,在世界上都是奇闻。

家有小女:我们总觉得这个问题在家里讲一讲还可以,拿到这里讨论需要勇气。

孙云晓:这可以理解。过去的中国封闭一些性教育尚可理解,而今天的社会充满了性信息甚至性诱惑,再不进行性教育将使世界失去平衡。悲剧已经够多的了。

~铢对**孙云晓**说:你对自己的孩子是怎样进行教育的?

孙云晓对~铢说:我们家里有很多书,也很自然地谈论性问题。

~铢对**孙云晓**说:那你对于现在的青少年越来越开放有何感想?

孙云晓对~铢说:开放是好事,只是要引导,不能放任自流。

~铢对**孙云晓**说:请问孙老师,您知道诸如日本、韩国等国家的性教育开始的年龄吗?

孙云晓对~铢说:日本一些地区从小学二年级正式进行性教育。如日本某校二年级,上课时搬进男女两个人偶,和真人一样大,身体上的各种器官都有,并给孩子演示性交受孕的过程,还让孩子上来摸一摸。孩子全看明白了,而且不会发生什么不良后果,这是成功的。

三方共同承担,各负其责

末末:我们虽然有生理卫生课,但老师都不愿讲,而且同学们也说:"哎呀,这些同学们早就知道了。"

Benjaminyang对末末说:我有同感,现在的学生实际上知道的很多,陈旧的课本反而有些显得多余。

孙云晓对末末说:这种情况应该改变。性教育应根据青少年的身心特点循序渐进,由性知识到性心理到性道德到性法律到性美学等等,青少年一般都是欢迎的。

家有小女对孙云晓说:请问孙先生,我女儿问我,男人的精子是怎么进入女人的身体的,我能够直接回答她吗? 她才 8 岁啊!

孙云晓对家有小女说:可以如实告诉她,8 岁以前的孩子谈男女生殖器官同谈论杯子差不多,并没有太多刺激。这个年龄段是性教育的黄金时期。

家有小女对孙云晓说:这个问题应该由母亲来谈?

孙云晓对家有小女说:对女孩来说,由母亲来谈可能会好些,如借助画册来说明也是好办法。

家有小女对孙云晓说:您是否了解现在有什么好的画册?

孙云晓对家有小女说:书店里很多,可以选择一些专家或权威机构编写的。

lydly 对孙云晓说:我想提供部分调查资料,诸如现今中学生性观念相当开放,性知识却相对滞后。《商务早报》记者对蓉城 600 名中学生作了一次性观念调查,成都中学生性观念调查结果惊人,三成赞成婚前发生性行为,有近四成的人认为只要一见钟情即可发生性行为。

孙云晓对 lydly 说:感谢你提供的资料。北京也有类似的调查结果,半数以上的中学生认为有感情就可以发生性关系,宽容度很高,这在过去是不可思议的。如果缺乏性知识,会发生许多不良后果,如感染艾滋病等。如果缺乏性道德,会对人伤害更多。

lydly 对孙云晓说:孙先生认为学校在性教育的具体工作上应该怎么做呢?

孙云晓对 lydly 说:我认为,中国的性教育严重滞后,一般才在初二年级进行。此时许多男孩已有遗精现象,许多女孩有了月经,这时谈性知识太晚,不如在小学二、三年级进行。学校可安排有关的课,也可以开展男女生交流的活动。

lydly 对孙云晓说:这在学校恐怕很难做到,并且性教育的细节工作应该由学校、家庭、社会哪一方来承担呢?

孙云晓对 lydly 说:应由三方共同承担,各负其责,学校上课搞活动,如讨论什么是男子汉，什么是靓女，什么是爱情，什么是友谊，等等。家庭可以谈心，具体指导孩子怎样保护自己。社会要广泛传播科学的性知识和性观念，并且控制淫秽品泛滥。

lydly 对**孙云晓**说：学校上课搞活动是男女生在一起好还是分开好呢？

孙云晓对 lydly 说：根据内容需要来定，可以有分有合，对男女生的悄悄话可以分开说。青春期男女生需要身体接触，就需要开展跳舞、游戏、球赛、野营等活动，否则会容易出现别的问题，如性骚扰等。

不要用成人的思维揣度孩子

lydly 对**孙云晓**说：我认为学校不仅要教给学生性知识，还应该教学生的父母如何成功进行家庭性教育。

孙云晓对 lydly 说：是的。父母需要培训，教育者要先受教育。

lydly 对**孙云晓**说：大多数父母的家庭教育方法不当，真不敢奢望他们能对孩子进行正确的家庭性教育。

孙云晓对 lydly 说：水平不同需求不同。据我所知，有些父母在大胆进行性教育，甚至与孩子一起洗澡，勇气惊人。

末末对**孙云晓**说：您认为现在的学生是通过什么渠道知道那么多的？

lydly 对末末说：主要渠道是网络、VCD、书报或从同学那儿得到的有关青春期知识。

孙云晓：这些渠道传播的性知识未必科学。特别是一些淫秽故事，容易误导青少年。学生知道的未必科学，应当系统而科学地讲解，其重要性不亚于语文和数学。

末末对**孙云晓**说：您认为会有多少父母支持您？

孙云晓对末末说：当然不会全部，但会越来越多。有些十几岁的女孩把孩子都生出来了，父母才知道。我们还能无动于衷吗？我收到过 3 万多封中学生来信，70%都在谈性问题，不进行性教育能叫关心青少年吗？

末末对**孙云晓**说：所以说越是隐瞒不敢说就越会导致不良后果。我到现在还搞不懂呢！

孙云晓对末末说：搞不懂就去看书嘛。就像学功课一样，这是人生必修课，没有什么不好意思的。

末末对**孙云晓**说：说实话，我对这个问题并不感兴趣，不敢看也不想看。而且我看了，大家肯定会对我另眼看待。

孙云晓：另眼看待你的人心理可能不正常，不必理他，你看的时候也不必广而告之。想看就看，不想看就不看，需要的时候了解了就行。

伟哥对**孙云晓**说：我儿子八岁了，他问我受精卵是如何形成的，我可以告诉他吗？

孙云晓对伟哥说：完全可以告诉他，就像讲故事一样，可以讲得惊心动魄，可以讲得美妙无穷，只要科学和艺术就行。

伟哥对**孙云晓**说：如果他要打破沙锅问到底，问精子是怎样跑到卵子里去的呢？

孙云晓对伟哥说：那你就具体告诉他，说不明白就画图。每个人的出生都是胜利者，都是生与死之战的胜利者，是很了不起的，应当告诉孩子生命是珍贵的。

伟哥对**孙云晓**说：那他要再问，精子在父体，卵子在母体，那是怎么过去的呢？对不起，我儿子就这样烦人。

孙云晓对伟哥说：可以讲性交的过程，不要用成人的思维揣度孩子，大人觉得很不好意思，小孩子可能并无感觉。小孩子还问自己在妈妈肚子里怎么上厕所呢。这是他们关心的问题。当然，要讲得美，讲得准，讲得形象。

性教育是终身教育

一钵对**孙云晓**说：我觉得阳光法性教育应该由国家从上而下进行。

孙云晓对～钵说:是的。国家应当推广性教育。这是一种文明,否则避孕套进校园就成了新闻,青少年的痛苦就无人理睬。

～钵对**孙云晓**说:我觉得首先应该好好教育思想守旧的成人。如果大人们想不通,那小孩若有这样的思想只会遭到他人的耻笑、误解。

孙云晓对～钵说:是的。性问题越遭到耻笑越封闭,越容易发生问题。有些女孩稀里糊涂就怀孕了,传染了艾滋病也毫无所知,这能不进行性教育吗?

～钵对**孙云晓**说:我觉得您的这个话题应该针对父母,否则不仅解决不了问题,可能还会引起公愤。

孙云晓对～钵说:有这么严重吗?上网的人不会公愤吧?如果多数人满意少数人愤怒是没关系的。你说呢?

～钵对**孙云晓**说:可是只是这样讨论并不能起到实质性的作用。

孙云晓对～钵说:只能慢慢来,不能太着急。性教育是健康的需要,是幸福的需要,是成长的需要,也是人的包括儿童的权利。

～钵对**孙云晓**说:要是天底下的父母都像您这么开明就好了。

孙云晓对～钵说:我需要和大家一起努力,因为我也有困惑的问题,也没有受过系统的性教育,只是向专家们讨教了不少。

～钵对**孙云晓**说:社会上应该多办一些正规的专为成人而设的关于这方面的辅导班。你说呢?

孙云晓对～钵说:是的。应当多多举办,也应鼓励大家去参与。试想,如果人们不好意思接受避孕工具,生活会是个什么样子?

家有小女对**孙云晓**说:您能讲一讲不同年龄段应该给孩子哪些性教育吗?

孙云晓对家有小女说:性教育是终身教育,核心是性观念,如尊重、平等、幸福、权利等等。具体包括性别认同、性生理和心理知识、性道德、性美学、性法律等等。小学主要是性和性别知识，中学主要是性观念和性道德，成人后主要是性美学和性法律等等。

家有小女对**孙云晓**说：小学阶段的性知识是否也应该有所区分，比如7岁应该知道哪些，9岁应该知道哪些？

孙云晓对家有小女说：7岁前应知道男女身体的差别，9岁前应知道男女互相尊重等等。

家有小女对**孙云晓**说：父母应该怎样给孩子做出榜样？

孙云晓对家有小女说：父母相亲相爱，相互尊重，就是给孩子最好的榜样，身教重于言教。父母可以当着孩子的面拥抱、接吻。这都是性教育。

家有小女对**孙云晓**说：非常赞成您的阳光法性教育。但我真的有一些担心，这样会不会起到教唆的作用？

孙云晓对家有小女说：即使发生了一些问题，也不是教唆，而是封闭太久的缘故。在一个开放的时代，性教育封闭将导致更严重的问题。

lydly对**孙云晓**说：学校性教育能否采取先传授高年级学生，再以大带小的方法？因为学生之间，或朋友之间的沟通应该更方便。

孙云晓对lydly说：同伴教育是一个好主意。中国计划生育协会采取了这个办法，即培养大中学生骨干，让他们到同学当中传播，为大家咨询。这个办法起了很好的作用，值得推广。

lydly对**孙云晓**说：对于学校，有条件的配备生活教师，在生活中根据学生的不同年龄结构传授适宜的性知识，方式很多，不只是在课堂上由上课教师传授。

孙云晓对lydly说：完全正确。性教育是多种多样的，因地制宜，因人制宜，这才能收到良好的效果。

好的性教育会提高爱情和婚姻的质量

lydly 对**孙云晓**说：您的呼唤应让教育系统的生理教师和全国的学生父母都听到，这比谈论性教育更重要！

孙云晓对 lydly 说：我正在这么做。我已到过 80 多个城市，讲过上千堂课，一直在呼吁这个问题。其实，父母和老师即使不讲，对孩子理解一些宽容一些，麻烦也会少得多，因为大人横加干涉常常激发矛盾，导致悲剧。

lydly 对**孙云晓**说：另外，有个问题孙先生别介意，就是对于寺院的和尚有没有必要进行性教育？

孙云晓对 lydly 说：任何教育都以需要为前提。我不想涉及宗教，应当尊重每个人的选择。

lydly 对**孙云晓**说：孙先生在各地讲课毕竟是有限的，有没有考虑到出版有关性教育的书籍或 VCD，这样会惠及更多学生大众。

孙云晓对 lydly 说：我在考虑，也会促进这方面的发展。

lydly 对**孙云晓**说：学生正迫切需要正确的、系统的性教育课程。

孙云晓对 lydly 说：完全正确。有的男孩子告诉我自己手淫不能自制，恨不得割去生殖器。其实绝大多数人都手淫过，这是正常的现象，痛苦有时是愚昧所致。

孙云晓对所有人说：其实，性教育还有深远的意义，如提高爱情与婚姻的质量，提高人口的质量等等。我主张在高中举办爱情与婚姻讲座，举办优生优育讲座，这对人的发展很有必要。中国每年一百万对夫妻离婚，与性教育差有关系。我知道很多年轻人为性问题痛苦不堪，而实际上是世上本无事，庸人自扰之，转变了观念或者采取一点小方法就能走出误区，这就是性教育的功能。英国的性教育电视节目，有时候就是一个勃起的阴茎，戴上了避孕套。我在欧洲看过一个电视场面是生孩子，也是性教育。

当然国情不同,中国的性教育要从中国的国情出发,要更加艺术,更加细致。

末末对**孙云晓**说:哈哈。如果我父母知道我在聊这些,或许会生气的。

孙云晓对末末说:这是在中青网的孙云晓网站,你父母应该放心。

lydly 对**孙云晓**说:现实教育中学校只讲学生的升学前程,却不谈学生的幸福前程。真是学生的悲哀!

孙云晓对末末说:是的。只关心分数,不关心幸福,这是教育的荒废。如果忘了人的存在,还谈什么教育?大概只能培养机器人了,可人偏偏有性。

lydly 对**孙云晓**说:升学后的学生就快乐吗?就幸福吗?

孙云晓对 lydly 说:当然不是,没有良好的教育,性可能成为脱缰的野马,把人拉入疯狂的欲海,离毁灭就不远了。这难道不值得我们深思吗?

lydly 对**孙云晓**说:如果我是教育工作者,会把教育做的有人性——一切以人为本。

孙云晓对所有人说:没有性的人生是不完整的人生,没有性的教育是不完整的教育。学习和教育都包含了性的内容,我们不应该删除,就像不能删除健康和幸福一样。没有良好的性和性别教育,就没有好男孩也没有好女孩。

(2001 年 5 月聊天记录精选)

每个人都需要尊重

每个人都面临着艾滋病的威胁

孙云晓对所有人说:各位网友晚上好,我首先非常抱歉,因为有紧急的事情,原定的讨论时间推迟了两次。今晚我们讨论"预防艾滋病"的话题。中国现在有 100 万人口感染了艾滋病。实际感染的人数比这个多,一旦感染便有生命危险。这不能不让我们警惕起来。

★流星雨★对**孙云晓**说:孙老师,您好,我第一次来,请多多指教。

孙云晓对★流星雨★说:没关系,你可以随便发言。

★流星雨★对**孙云晓**说:我觉得艾滋病一开始在中国只有几十、几百例,可现在传染了这么多人。

孙云晓对★流星雨★说:是的。世界上每天都有人因为艾滋病死亡。

★流星雨★对**孙云晓**说:前一阵子在北京有一些得了艾滋病的人把自己的血抽出来注射给一些健康老百姓,后来连无辜的老百姓也得上了。这种行为很不道德。

孙云晓对★流星雨★说:这是很不道德的行为。不过,如果让艾滋病患者无路可走,这世界的麻烦会更多。每个人都有生存的权利,每个人都需要尊重。

★流星雨★对**孙云晓**说:只要努力了一定可以研究出预防和治疗艾滋病的药物。

孙云晓对★流星雨★说:是的。有矛就有盾,全世界很多科学家都在奋斗。

★流星雨★对**孙云晓**说:艾滋病患者如果强行到了公共场所,别人看不出来,那怎么办呢?

孙云晓对★流星雨★说：艾滋病人到公共场所是正常的。与你握手、拥抱、共同吃饭等等都不会感染病毒，你可以放心。

★流星雨★对**孙云晓**说：谢谢孙老师！

静飞对**孙云晓**说：孙老师，我觉得对青少年进行青春期性教育，尤其是性道德教育是非常重要的。

孙云晓对静飞说：你说得好极了。实际上每个人都面临着艾滋病的威胁。前些天我在曼谷见到42个幼儿。他们一个个天真活泼，可都是艾滋病患者。我们为他们痛心不已，因为他们的生命太不幸了！

静飞对**孙云晓**说：如果没有正确的、正常的渠道，羞羞答答地“犹抱琵琶半遮面”，那么还要有多少本不该发生的悲剧呢？

孙云晓对静飞说：是啊。所以要广泛传播预防艾滋病的知识。当然，还要正确对待艾滋病患者。这是对人类文明的挑战。

Ha对**孙云晓**说：孙老师好！既然患了艾滋病，那国家还让他们结婚，他们的小孩也被感染了。该咋办呀？

孙云晓对Ha说：艾滋病患者有权利结婚。但如果会传染给孩子艾滋病，就不应当生孩子。

Ha对**孙云晓**说：那如果要生了呢？

孙云晓对Ha说：生了就要负起责任来。

Ha对**孙云晓**说：那不是又多了一个艾滋患者吗？

孙云晓对Ha说：说得对。所以我们要劝导艾滋病患者不要把病毒传染给孩子。

孩子有权利知道自己需要的知识

孙云晓对所有人说：艾滋病有三种主要的传播方式：一是性行为传播，二是血液传播，三是母婴传播。据说有一个乡 4 万人口，2 万人患了艾滋病，就因为输血共用一个针管。所以，许多人是毁于无知。

静飞对**孙云晓**说：直到现在想起来我还想哭呢。（我刚刚读初中的时候，什么都不敢去问爸爸妈妈。有一次在姐姐那里看到一本叫《零点夜话》的书，但都是成年人对夫妻的指导。）孙老师，不知道您能不能体会得到，一个传统意义上的“好孩子”持续了很长时间的罪恶感。

静飞对**孙云晓**说：真的。孙老师，我现在想起来还感觉非常委屈，还想痛痛快快地哭一回呢。

孙云晓对静飞说：是的。这是很悲哀的。孩子有权利知道他所需要的知识。今天就好多了。

静飞对**孙云晓**说：孙老师，我差不多是“午间一小时”10 年的老听众了，前几天听到他们也在做关于艾滋病的节目。

孙云晓对静飞说：每年 12 月 1 日是预防艾滋病日。

静飞对**孙云晓**说：我们健康人不能只从伦理道德的角度去评判他们，其实还有更深层的原因。现在社会环境毕竟好多了。

孙云晓对静飞说：你很有水平。一个文明的社会应当关心和尊重艾滋病患者。这样艾滋病患者也会关心其他人。

静飞对**孙云晓**说：杭州最近的一次宣传活动中，就有一个患者出现在台上。

孙云晓对静飞说：艾滋病患者能登台宣传是很了不起的。我们应当表示敬意和支持。

静飞对**孙云晓**说：吸毒为什么很容易染上艾滋病呢？

孙云晓对静飞说：吸毒者常常共用一个针管，血液传播很快，如果其中有一个人是艾滋病患者，其他人都逃脱不了。

静飞对**孙云晓**说：孙老师，我曾经这样想，艾滋病的出现对东方人来说或许是件好事（自私了一点儿），可以让我们在新的层面上重新审视中国的传统道德。真正的爱情是性灵的结合，作为人类，不能放纵自己的行为，而且，一个真正的人也是不会去伤害自己的亲人的。

孙云晓对**静飞**说：很多人这样认为，但艾滋病并不仅仅是性生活带来的，血液传播是更主要的，如吸毒者。

静飞对**孙云晓**说：孙老师，您说怎样才能让全社会——尤其是乡村——都对艾滋病具备科学系统的认知呢？既保护自己同时也正确对待病人。总感觉面对艾滋病这个敌人，我们的阵地却是太小太小了。对自己，我需要太多太多科学的知识，对艾滋病患者，他们又需要太多太多的理解和支持。

孙云晓对**静飞**说：其实，知识也很简单。比如，使用安全套就可以让很多人避免染上艾滋病，就像上车要系安全带一样，过性生活就用安全套。谁系安全带都不是为了死，使用安全套则可以避免很多危险。据说，卖淫的小姐使用安全套的仅20%左右，这是非常危险的。我希望她们都用安全套，当然，那些嫖娼的人要配合才行。这虽然不是好的行为，但预防了艾滋病总是一个好事。

（2002年12月聊天记录精选）

对孩子进行性教育要注意审美

自然坦率地与孩子讨论性问题

教育的烦恼说:我说的是关于孩子性教育的问题,怎样合理地对孩子进行性教育?

孙云晓对教育的烦恼说:我有一本书叫《阳光法性教育》(其中收入了《藏在书包里的玫瑰》),专门探讨性教育问题,并有许多耐人寻味的案例。我的建议是:要用非常自然坦率的态度与孩子讨论性问题,如果父母难以启齿,则可以买一本性教育的书放在家里,孩子自己看看也可以。

教育的烦恼对**孙云晓**说:我孩子 10 岁,自从看过一本成人笑话后,我觉得他在这方面有变化。有几次拿我的内衣藏在他的床上,对我的身体也比较感兴趣,和我坐在一起就会摸我的内衣痕迹。我不知道怎样进行性教育,怕过又怕不及,想请教你。

孙云晓对教育的烦恼说:对 10 岁的孩子可以坦率地进行性知识的教育。建议从培养小小男子汉的角度来谈,唤醒他的自尊、自豪、自信意识,也就是说从积极的方面去引导他,而不要对他的好奇行为训斥过多。

教育的烦恼对**孙云晓**说:我主要是怕他养成这种坏习惯。

孙云晓对教育的烦恼说:不必过于担心,孩子主要是好奇。当然,性教育的方法之一是用丰富多彩的生活,特别是体育运动的方法来转移孩子的注意力和兴奋点。今天的孩子生活在一个充满了性诱惑的社会,性好奇自然会比较多。

roseqian199 对**孙云晓**说:一定要让孩子在接触那些不好的或不正常的东西之前,用科学的知识占领他的思想领域。

关注教育对孙云晓说:我女儿8岁的时候我就告诉了她关于人是怎样来的。

教育的烦恼对关注教育说:现在我也给他讲一些人是怎样来的,男孩和女孩的差别等等,我想听取你们的建议,以便更好地进行性教育。

关注教育对对教育的烦恼说:你可以大方跟他谈谈人是怎样来的,甚至告诉他影视上两人有亲昵动作是怎么回事。

教育的烦恼对关注教育说:我怕他养成拿女人内衣的坏习惯。以前没给他讲过,现在我比较注重这方面,但又有点怕过度。

关注教育对教育的的烦恼说:你更应该与他进行大方的探讨,从而消除他的好奇心。

孙云晓说:对孩子进行性教育要注意审美,也就是说要让孩子对性的感觉是美好的,神圣的,而不是肮脏的,丑恶的。这是非常关键的。

关注教育对孙云晓说:孙老师,我在家教中遇到一些问题,非常需要你的帮助!我的儿子今年15岁了,非常叛逆。我总想给他一些约束,但是似乎很难起到作用。我该怎么办?

孙云晓对关注教育说:青春期的孩子如果不叛逆怎么会长大呢?叛逆是他长大的一种方式,或者说是一个必然经历的过程。明智的父母采取的策略是不要和青春期的孩子较劲。

1号小笨笨对孙云晓说:青春期是从几岁开始的?

孙云晓对1号小笨笨说:一般认为10岁~20岁为青春期。性发育是青春期开始的标志,如女孩12岁左右来月经,男孩13岁左右出现遗精现象。这些都是青春期来临的标志。

周明霏对孙云晓说:孙老师,您好!我就是昨天中午给您打电话的那位。我家有个读高三年级的孩子,现在他有些学习的障碍,想请教您。他现在的问题是学习积极性不高，以前都是很好的，就是从高二年级开始，脾气越来越暴躁了，都不听父母的。

孙云晓对周明霏说：青春期的孩子情绪会有很大的变化，自然也会影响到学习的态度。对于父母来说，要从了解孩子开始，对症下药的解决问题才有效果。

lijianguo0808 对**孙云晓**说：孙老师您好，我是前几天发邮件谈我读高三年级的女儿离家出走到包头的父母。现在她已回家返校，但她是因为“她”的鼓励才继续读书的。她的同性恋思想仍令人担忧。我们对此束手无策，该怎样纠正她呢？

孙云晓对 lijianguo0808 说：如果孩子真的是同性恋，父母也应当理解和尊重，因为这不是道德问题，而是生理和心理的倾向问题，强行干涉也未必就有好的结果，尽管这是很多父母所不愿意面对的事情。建议您收集一些关于同性恋的资料，仔细研究一番，或许会有新的看法。

liaohongmei 对**孙云晓**说：孙老师，我想看看儿童心理发育方面的书。您有什么推荐的书？

丰嘉对 liaohongmei 说：我从当当网邮购了几本书，很受益，向您推荐几本：《夏山学校》《窗边的小豆豆》《图解蒙台梭利》。我觉得父母和老师都应读一下，了解一下孩子的成长规律，明白孩子特殊的成长需要。

孙云晓对丰嘉说：的确是好书。特别是《窗边的小豆豆》，可以视为儿童教育的经典。

关注教育对**孙云晓**说：孙老师，现在有没有以你的教育理念创办的学校？我早前看了一期香港电台拍摄的节目，反映出那所学校是很开放的，孩子什么都有得学。有时候还有父母的参与，真正是对孩子实施了素质教育。

孙云晓对关注教育说：我们中国青少年研究中心在全国有几百所研究实践基地学校，近些年来特别进行了习惯课题的研究。这也是我所负责的项目。

周明霏对**孙云晓**说：请问长三角一带有这样的学校吗？

孙云晓对周明霏说：一定会有的。上海的闸北八中就是一所成功教育的学校，许多失败的孩子在这里获得了成功。这是教育部推广的素质教育典型学校。

关注教育对**孙云晓**说：您能不能以你的理念创办一些诸如夏山学校、蒙台梭利学校一类的有特色的学校呢？

孙云晓对关注教育说：谢谢！这也是我的一个梦想。或许有一天会去做，但目前也还处在理论与实践结合上的探索阶段。

关注教育对**孙云晓**说：那就希望你早日实现梦想，让孩子们能真正地在大自然的怀抱中自由地成长。

（2008 年 9 月聊天记录精选）

珍爱生命就不能不珍爱性

珍爱生命就不能不珍爱性

Liuqiss 对**孙云晓**说：您写的《藏在书包里的玫瑰》，现在给一个读初二年级的妹妹看，早吗？

孙云晓对 Liuqiss 说：中学生都可以看，看了会增强免疫力，增加智慧。珍爱生命就不能不珍爱性。

Liuqiss 对**孙云晓**说：看了您的《藏在书包里的玫瑰》，我觉得实际情况没有那么严重。至少我上学的时候没这么严重。我 24 岁了。

孙云晓对 Liuqiss 说：十年前和十年后差别很大。专家们的调查显示，7%的中学生有性行为。

Liuqiss 对**孙云晓**说：这个比例真是很高的了。等她一上高中我把您那本书送她吧。

孙云晓对 Liuqiss 说：可以，但不要强加于人。

Liuqiss 对**孙云晓**说：好的！我确实有些担心，真怕她看完了太好奇了。我看过您的书，在空白的地方加了自己的想法和看法。这样给她看是不是更好？

孙云晓对 Liuqiss 说：如果能和孩子讨论是最好的。

Liuqiss 对**孙云晓**说：我也想和她讨论，但不知道怎么开始。我所看到的，我想我妹妹的父母没有看到，所以我要告诉我妹妹怎么做。

孙云晓对 Liuqiss 说：如果你不具备性教育的能力，就不要去进行性教育，提供一些科学的书籍可能更好。

Liuqiss 对**孙云晓**说：您觉得您那本《藏在书包里的玫瑰》是一本性教育书，对吗？我觉得它作为一本提醒中学生的书更合适。

孙云晓对 Liuqiss 说：是的。可以这样理解。

Liuqiss 对**孙云晓**说：像我这个年龄的人根本就不打算教育人，也确实没有资历。但我只想告诉妹妹我的看法。您说对吗？

孙云晓对 Liuqiss 说：难得。

Liuqiss 对**孙云晓**说：您说的难得是什么意思？

孙云晓对 Liuqiss 说：平等、亲情、互助集于一身，不是难得吗？

Liuqiss 对**孙云晓**说：如果教育得好，当然大家欢喜。要是效果不好呢？

孙云晓对 Liuqiss 说：当然，任何事情都是有责任的，何况教育？教育要播下真种子。

Liuqiss 对**孙云晓**说：谢谢您！您给了我很大的帮助！

（2004 年 5 月聊天记录精选）

中学生要做情感的主人

孩子的成长不能等待

孙云晓对所有人说:各位网友,今晚我们讨论“中学生的恋爱与性”问题,欢迎大家畅所欲言。

异卉对**孙云晓**说:孙老师好!

孙云晓对异卉说:你是第一次来吗?

异卉对**孙云晓**说:是。但我 1992 年就看您的报告文学了。

孙云晓对异卉说:是吗?那我们是老朋友了!

异卉对**孙云晓**说:印象最深的是《一个浪漫女孩的心理自卫》,现在还保存着。

孙云晓对异卉说:该文的主角鹿鸣现在已经是著名企业家了,很能干!

异卉对**孙云晓**说:她的母亲也让我很佩服。记得鹿鸣说她真想做你的女儿,她对你的评价是“弥勒佛”。

孙云晓对异卉说:是呀!我比较胖,又喜欢笑,做善事比较多,但不敢与弥勒佛相比呀。

不想长大对**孙云晓**说:孙老师怎么会想到讨论这个问题?

孙云晓对不想长大说:我前些时候做了一个秘密的调查,和一个朋友采访了 15 个发生过性关系的中学生,结果让人感慨万千!

夏对**孙云晓**说:中学生正是相爱的年龄。这使人奋发,也使人不前,就看怎么引导。

孙云晓对夏说:是的。中学生有爱的权利,应当学会爱,但也可能因为爱而陷入深渊。

夏对**孙云晓**说:昨天,一个男生(13岁),哭哭啼啼来找我,因为另一个高年级男生在玩耍之机剥下了他的裤子。孙老师,请问我该怎么劝慰那个小同学?

孙云晓对夏说:应当让那个高年级同学道歉,即使他不一定出于很坏的动机。

夏对**孙云晓**说:我也是这么想的。可那小同学要求这事千万别让任何人知道,只要老师批评就行。我总觉得不是那么回事。现在的问题是很少有教师或父母能正确而善意地给孩子这方面的帮助,能力上和心力上都存在这个问题。

孙云晓对夏说:是的。但是孩子的成长是不能等待的,必须敢于面对中学生的性问题才能给他们切实的帮助。

夏对**孙云晓**说:中学生有所爱意是因为他们的成长,以我看关键在于让父母和老师懂得他们,认识他们,从而有足够的能力指导他们。这些还得靠像孙老师您这样的专家。

中学生恋爱就像种子会发芽,花会开

金萍果对**孙云晓**说:孙老师您好,您说中学生应怎样对待爱情与性呢?作为父母又该怎样引导他们呢?

孙云晓对金萍果说:要有一种神圣感,多一些精神的交流,而不要匆匆忙忙发生性关系。事实证明,因为好奇和冲动而发生性关系的人,结果都是后悔莫及。

金萍果对**孙云晓**说:老师又该怎样正确教育这些呢?

孙云晓对金萍果说:我希望用阳光法性教育,就是把爱情讲得美好、自然、公开。

金萍果对**孙云晓**说:可中学生随着心理的逐渐成熟,他们对性的渴望不能自控而会发生性关系。您怎么看这些呢?又该怎样去教育他们呢?

孙云晓对金萍果说：中学生特别需要科学的性教育。

刘畅对**孙云晓**说：孙老师您好，中学生可以恋爱吗？对于有了性行为的中学生怎样教育呢？

孙云晓对刘畅说：中学生当然可以爱。对有了性行为的中学生应当理解和爱护，使他们懂得真正的爱和自己的责任。

刘畅对**孙云晓**说：可是现在的中国教育环境不好，人的成长环境也不好。中学生的世界是扭曲了的。

孙云晓对刘畅说：其实中国的教育环境在日趋开放，信息日趋丰富，青少年越来越有可能把握自己的命运，而不应该总是一味抱怨。

人间四月天对**孙云晓**说：孙老师，您对中学生的恋爱怎么看？我倒觉得是不是我们国人保守，把这个问题看得太严重了？

孙云晓对人间四月天说：中学生恋爱是正常的，就像春天来了种子会发芽，花会开。问题是有些中学生过早发生性关系，又不采取安全措施，容易感染性病。这是很危险的呀！

人间四月天对**孙云晓**说：有时越是在一个压抑的环境里可能那种反抗会来得越猛烈！

孙云晓对人间四月天说：扭曲的环境必然导致扭曲的感情。当然，人要努力做命运的主人。

人间四月天对**孙云晓**说：但现在的许多中学生恋爱不正常！

没有青春期的教育就没有青年团的工作

异卉对**孙云晓**说：我目前在河南的一个团县委工作，我们这里对青少年的青春期教育几乎没怎么开展。

孙云晓对异卉说:没有青春期的教育就没有真正的团的工作。

异卉对**孙云晓**说:你有走进孩子们心灵的秘密武器吗?理解,尊重是吧?

孙云晓对异卉说:首先是尊重,第二是理解。

异卉对**孙云晓**说:但我觉得现在的教育环境和一些老师的思想中还没有这根弦。大家还是用好和坏的标准来评价孩子。也许起步晚了,但还是要开始。

孙云晓对异卉说:只要开始就不晚,最可悲的晚是永远不开始。

异卉对**孙云晓**说:可悲的是许多人都不理解也不重视。

不想长大对**孙云晓**说:因为工作的关系,最近我和一群职高生在一起。这些十六七岁的小大人大都拥有小男(女)朋友,对于即将走入社会的他们这算不算是早恋呢?

孙云晓对不想长大说:早恋是不准确的说法,应当说是青春期恋爱。《红楼梦》里的宝玉、黛玉等都不过十六七岁。谁说过他们早恋?

不想长大对**孙云晓**说:那你以为该如何?是顺其自然吗?

孙云晓对不想长大说:其实中学生的恋爱并不可怕,至少他们比成年人纯洁多了,关键在于引导。

教育的第一任务是让孩子相信自己是个好人

刘畅对**孙云晓**说:我接触过一些有性行为的中学生,他们大多不敢面对现实,想法非常天真。

孙云晓对刘畅说:是的。

刘畅对**孙云晓**说:来自生存竞争的压力使我们不能不对孩子要求“严格”。

孙云晓对刘畅说:最近,我会和张引墨合作,在北京出版社出一本书,叫《藏在书包里的玫瑰》,少男少女们看了会知道,随便发生性关系将有多么巨大的危害!不知道对方的性经历,又不采取安全措施,一次就可能感染性病,怎么办?如果得病要治疗,每年花几万元以上也不一定能治好。这就是一念之差的后果。

刘畅对**孙云晓**说:是的。对于学生来说这方面的知识与意识太重要了。中学生因为有性经历不能自拔的情况也不鲜见,怎样才能使他们正确处理好性的问题与学习、生活的矛盾呢?

孙云晓对刘畅说:任何事情都有个“度”,过度了或不及都不是好的选择。

刘畅对**孙云晓**说:我在英国学习的时候住在托管家庭里。房东女儿当时17岁,中学生,但是她每周六都把男朋友带到自己的房间里,到周日才离开。虽然她的父母明显对这个男孩子不满意,但是他们从没有阻止过,当面对那个男孩的时候还非常礼貌。这与我们的情形差别太大了。

孙云晓对刘畅说:是的。国情不同,英国人有英国的道理,值得我们思考。*教育的第一任务是让孩子相信自己是个好人*,这就是培养积极的自我概念。在这个原则的基础上,什么中学生都可以帮助,只有感情才能够打动感情。

刘畅对**孙云晓**说:您说得对!可是,在中国要做到这一点,很难!

孙云晓对刘畅说:所以等待别人觉醒是不现实的,等待教育改变是坐失良机,最好的办法是自己把握自己的命运,中学生应该有这个能力。

异卉对**孙云晓**说:我觉得性行为对孩子身心有很大影响。孙老师谈谈您说走访的15位孩子的情况好吗?

孙云晓对异卉说:是的。影响很大。那15个中学生中的有些女生很后悔,说做了那种事,再去做“鸡”都无所谓了。

异卉对**孙云晓**说:他们的父母、老师都给了他们什么样的指导?

孙云晓对异卉说:孩子们给父母和老师都打了零分。

异卉对**孙云晓**说:我想就是应该进行危险教育。问题社会造就问题父母。

孙云晓对异卉说:说得对。这世界上问题父母多于问题孩子。

异卉对**孙云晓**说:我觉得爱是正常的事,但性一定要慎重。现在对孩子进行性教育很难,有时觉得对他们进行性教育会增加他们的好奇心。

孙云晓对**异卉**说:这是一个误解。研究表明,接受过性教育的孩子,发生性关系的比例会少于没接受性教育的孩子。

孙云晓对**异卉**说:我想,让人失去自尊与自信的教育绝不是好的教育。不管孩子是否谈恋爱或发生性关系,最重要的是能否让他们相信自己是个好人,能否走一条健康的人生之路。

坦率、科学、真实才是好的性教育

人间四月天对**孙云晓**说:孙老师,阳光法性教育可以把青少年的恋爱问题引上正途吗?您所说的秘密采访了那些有了性行为的孩子的感慨都有哪些方面?这些想法是否和您在采访之前有一些变化?

孙云晓对**人间四月天**说:是有很大的变化。我不惊讶中学生发生性关系,而惊讶于他们100%不采取安全措施。这是拿着花季的生命去赌博呀!

不想长大对**孙云晓**说:今晚听我妈妈说了她同事的孩子才14岁,读初二年级,换了三所学校还是上不下去,整天整夜泡在网吧里,父母一点也不敢说,一说他就要跳楼。您认为该怎么办呢?

孙云晓对**不想长大**说:这只是个现象,应该透过现象找原因。人格健康的孩子进网吧也不会堕落。

不想长大对**孙云晓**说:可他不是,他为此已经辍学。

孙云晓对**不想长大**说:失败的孩子是失败教育的例证,我们应当追究教育的责任而不是追究孩子的责任。

蓝色大门对**孙云晓**说:很大一部分都是网络惹的祸,网络则是没有人管制的,所以大家对性的学习都是通过网络的。这里的信息芜杂。

孙云晓对蓝色大门说：网络只是工具，关键在教育。网上的性知识许多是没有科学性的，而且更多的是一些色情信息，那是商业性的。

Pop对**孙云晓**说：您好，孙老师，我是从事大学生心理健康教育的。今天在查阅资料的时候，偶然发现您的网站，并发现您的聊天室，就进来了。

孙云晓对Pop说：那你是有经验的，很想听听你的高见。

Pop对**孙云晓**说：我觉得首先要解决的是父母和学校的性观念。

孙云晓对Pop说：是的。腐朽的性观念已经夺去了太多青春的生命，至今仍在威胁着少男少女的生存。

夏对**孙云晓**说：孙老师，真希望你能来我们学校一次，让老师们开开眼界。

孙云晓对夏说：有机会会去的。中国的学生可能还要付出更大的代价，比如，大批的少女怀孕等，才会引起社会的震动和改变。想到这一点，我真想大哭一场！

异卉对**孙云晓**说：孙老师，您说现在在中国哪里的中学青春期性与健康教育最好，他们采取了什么方法？

孙云晓对异卉说：上海好一些。北京八一中学的张老师性教育课讲得好！好的性教育好在坦率、真实、科学。

谢百云对**孙云晓**说：性教育还是从小开始，凭我教育孩子的经验，我一般对孩子的各种提问都是如实告知，绝对不隐瞒什么。

孙云晓对谢百云说：你说得对。恋爱的事越禁越多、越禁越乱。

谢百云对**孙云晓**说：最近看到孙老师在许多场合露面，我感到非常亲切，能够跟孙老师聊天真是幸运啊！在少年儿童教育方面希望能够得到孙老师的指点。

孙云晓对谢百云说：别客气。我们可以自由的交流。

谢百云对**孙云晓**说：孙老师真幽默。今天我替一位老师代了一节活动课。我让同桌学生相互说说对方的优点，用欣赏的眼光来看待别人，可学生都笑了，笑得很不自然，原来这个班都是男女生同桌的。对于我来说好像没有区分男女生，而是把他们都作为学生来看待。可实际上，那帮孩子早已经男女有别了，那种扭扭捏捏的样子着实使我无计可施，最后还是花了好多时间来做他们的思想工作。

孙云晓对谢百云说：奴隶做久了一下子当不了主人。心灵被污染了一下子纯洁不起来。扭扭捏捏惯了一下子自然不起来。

中学生恋爱就像天空有星星月亮一样正常

极限天子对**孙云晓**说：你怎么看待中学生谈恋爱？

孙云晓对极限天子说：中学生谈恋爱是天经地义的事，就像天空有星星月亮一样正常。

异卉对**孙云晓**说：我认为我们现在的教育也就是把可能出现的危害降到最低就行了。

孙云晓对异卉说：是的。教育的功能之一就是降低危险。

极限天子对**孙云晓**说：请问是不是这个时期对异性没感觉，就是有病？

孙云晓对极限天子说：感觉大都会有，只是强弱不同，因人而异并不奇怪。

异卉对**孙云晓**说：但感情细腻的孩子更容易受伤。社会有许多地方要改进。

孙云晓对异卉说：是的。但没有感情的人受伤更重。

夏对**孙云晓**说：你中学时谈恋爱了吗？

孙云晓对夏说：那当然。只不过用那个时代的方法，就像石头下面的草一样，虽然被压住了，却依然在生长。

夏对**孙云晓**说：什么感觉？

孙云晓对夏说：那个年代只能心动不能行动，回头想想蠢蠢欲动的事情也很多。

这是一万年也改变不了的规律，在全球的任何一个角落一概如此。

欧洲骑士对**孙云晓**说：孙老师，那你能不能将恋爱的学生与不恋爱的学生比一个高下？

孙云晓对欧洲骑士说：恋爱的学生可能人格更健康一些，至少情感更丰富一些，人情味更多一些。欧洲的经验证明了这一点，中国古老的经验更证明了这一点。为什么梁祝的故事千古流传？为什么宝玉、黛玉的爱情感动天地？

欧洲骑士对**孙云晓**说：那还得看跟什么样的人恋爱？

孙云晓对欧洲骑士说：是的。跟无赖谈恋爱是盲人骑瞎马，夜半临深池。

（2003年12月聊天记录精选）

附　录

孙云晓10年儿童教育聊天总目

（2000年6月—2010年5月）

聊天时间		聊天记录题目	聊天主题
2010年	5月26日	培养健康人格是教育最核心的任务	无题
	4月28日	改变父母比改变孩子重要	无题
	3月25日	酸甜苦辣都是营养	无题
	2月26日	和男孩子在一起就像生活在龙卷风当中	拯救男孩（二）
	1月27日	基础教育界要特别反思“静文化”	拯救男孩与因性施教
2009年	12月23日	讨论男孩问题的实质是因性施教	拯救男孩（一）
	11月28日	小学是性教育的黄金阶段	无题
	10月30日	父母好好学习，孩子天天向上	无题
	9月23日	父母的爱决定家庭教育的质量	无题
	8月14日	与孩子一起探索未知的世界	无题
	7月9日	“大耳朵小嘴巴”才是智慧父母	无题
	6月10日	真正的教育是从尊重开始的	无题
	5月13日	父教缺失会让孩子终身缺钙	无题
	4月15日	每一个孩子都是有路可走的	无题
	3月18日	真正的教育应当是让孩子获得幸福的教育	无题
	2月13日	好父母要有大将风度	无题
	1月17日	今天的父母特别需要与孩子一起成长	无题
2008年	12月10日	家庭在孩子教育上是可以大有作为的	无题
	11月4日	让孩子望见自己灿烂的未来	无题
	10月22日	每个孩子都是一个独特的世界	无题
	9月24日	父母要做学校教育的平衡器	无题
	8月21日	引导孩子走适合自己的道路	无题
	7月16日	用父母的生活影响孩子	无题
	6月18日	真正的教育是给孩子终身受益的本领	无题
	5月22日	灾难是一所学校	无题

续表

聊天时间		聊天记录题目	聊天主题
2008年	4月17日	教育是人的解放	无题
	3月19日	让孩子的生活丰富起来	无题
	2月20日	成长中的阶段性问题要在特定的阶段内解决	无题
	1月16日	尊重孩子的特点，才能教子成功	无题
2007年	12月17日	习惯是孩子成长的一把金钥匙	无题
	11月13日	用规矩管孩子胜过随心所欲	无题
	10月19日	捍卫童年是每一个成年人的责任	无题
	9月13日	儿童教育是快乐教育	无题
	8月15日	父母无为乃大为	无题
	7月11日	父母心理健康才能培养健康的孩子	无题
	6月20日	教育的真正智慧在民间	无题
	5月23日	改变教育从改变关系做起	无题
	4月20日	父母应当成为教育孩子的合作者	无题
	3月28日	问题父母比问题孩子多	无题
	2月27日	复杂的对象简单的教育必然使教育变得苍白无力	无题
	1月25日	关注自身成长，教育孩子才能更理性	无题
2006年	12月21日	家庭教育需要精细化指导	无题
	11月22日	儿童教育更需要以人为本	无题
	10月20日	父母的第一职责是发现孩子的优点	无题
	9月20日	不要把真正的教育丢了	无题
	8月25日	儿童教育要特别注意细节	无题
	7月28日	多高的墙，多深的基	无题
	6月21日	对孩子要做法官，先当律师	无题
	5月10日	教育不仅需要言语，更需要行动	无题
	4月12日	把握解放孩子与约束孩子之间的平衡	无题
	3月22日	没有春游，孩子的心里就不会有春天	无题
	2月28日	考不上名牌大学并不意味着教育的失败	无题
	1月11日	教育孩子离不开反思	无题

续表

聊天时间		聊天记录题目	聊天主题
2005 年	12 月 29 日	让孩子轻松地过个年	无题
	11 月 18 日	没有尊重，就没有教育	无题
	10 月 25 日	让我们共同应对“童年恐慌”	无题
	9 月 28 日	父母和孩子要自己把握自己的命运	无题
	8 月 12 日	教育要让孩子自己去实现自己的潜能	无题
	7 月 28 日	教育是一个系统工程	无题
	6 月 15 日	好的关系胜过许多教育	无题
	5 月 18 日	一切成功的教育都是和谐的教育	无题
	4 月 21 日	教育的根本就是习惯养成	无题
	3 月 16 日	把教育变成快乐的事业	无题
	2 月 16 日	教育是改变命运的伟大力量	无题
	1 月 18 日	乐观面对生活	无题
2004 年	12 月 22 日	教育的艺术就是分寸的艺术	无题
	11 月 10 日	养成教育就是成功的教育	无题
	10 月 15 日	对网络迷信要标本兼治	如何看待网络迷信
	9 月 15 日	儿童需要足够的情感支持	无题
	8 月 18 日	有爱心肯学习就能教育好孩子	无题
	7 月 7 日	假期是为了平衡成长的需求	无题
	6 月 16 日	鲁莽者死，谨慎者活	如何预防犯罪者的伤害
	5 月 26 日	德育的“后五十度”是关键	德育为什么成为一壶烧不开的水
	4 月 12 日	把人和才结合起来才是人才	无题
	3 月 18 日	马加爵杀人事件的启示	如何看待马加爵杀人事件
	2 月 18 日	教育的真正目标是幸福	无题
	1 月 30 日	别把赖宁和脏水一起泼掉	保护学生和摘赖宁像有何关联
2003 年	12 月 5 日	中学生要做情感的主人	中学生的恋爱与性
	11 月 12 日	教育者要先受教育	父母的上岗执照
	10 月 15 日	心理素质是健康人格的重要支柱	神舟五号和父母的上岗执照
	9 月 23 日	不自立则不成人	30 岁的儿童

续表

聊天时间		聊天记录题目	聊天主题
2003年	8月15日	教育强则国强,教育弱则国弱	中日少年《夏令营中的较量》
	7月11日	为幸福生活改变我们的陋习	后非典时期的生活
	6月13日	做学习的主人	自主性学习
	5月23日	“非典”启示	非典的启示
	4月23日	(因为非典流行暂停聊天)	无题
	3月13日	不以输赢论童年	讨论《质疑“别让孩子输在起跑线上”》
	2月14日	童年是一生的财富	童年
	1月15日	孝心是一片河流,爱心是一片海洋	孝心与爱心
2002年	12月17日	每个人都需要尊重	预防艾滋病
	11月8日	朋友让生命放射灿烂光芒	朋友
	10月9日	读高品位书,做高品位人	读书
	9月6日	独立思考也是一种幸福	独立思考
	8月2日	消费教育应从儿童做起	消费
	7月4日	合则两利,斗则两伤	合作
	6月6日	自信者胜,自卑者败	自信
	5月9日	规则是自由的需求	规则
	4月5日	人间真爱可问天	真爱
	3月1日	有才无德更危险	《听海》及清华学子伤熊事件
	2月22日	环境保护是人类的第一道德	环境保护问题
	1月30日	文明兴则网络兴	网络文明
	1月19日	人无信则不立	忠诚
	1月4日	巨人的力量哪里来(2001年12月专题)	贝多芬的耳朵
2001年	11月30日	少年需要爱情课	歌德与维特
	10月26日	诚信是成功的第一因素	考试作弊显示“冰山一角”
	9月30日	习惯的核心是人格	良好习惯是健康人生之基
	8月31日	给孩中国子注入强健的血液	中国孩子为何不敢冒险
	7月20日	高考也是一个成人仪式	平心静气说高考

续表

聊天时间		聊天记录题目	聊天主题
2001年	6月22日	孩子都是泥巴做的	远离自然的生命没有根
	5月23日	让儿童节真正属于儿童	希望“六一节”成为儿童的狂欢节
	5月11日	不能让性成为脱缰的野马	讨论《呼唤阳光法性教育》
	4月13日	谁若小瞧小孩子,他比孩子还要小	新校园童谣
	3月16日	健康的人格是能力的核心	讨论《我眼中的日本同龄人》
	3月7日	新童谣:儿童的表达	新校园童谣
	2月16日	成功的真正内涵是幸福	什么是成功
	1月12日	给孩子自由和快乐的翅膀	教育梦想
2000年	12月22日	相信每一个人都潜能无限	建议取消评选三好学生
	11月17日	让孩子独立面对一份责任	没有秘密的孩子长不大
	10月20日	选择保险是人类的明智之举	讨论《千年警世钟》之二
	9月22日	给教育一个机制保障	讨论《千年警世钟》之一
	8月14日	架起代际沟通的彩虹	平等是代际沟通的基石
	7月15日	您的情感世界是绿洲还是荒漠	警惕情感荒漠化
	6月1日	是否应将“家长”的称谓改为“父母”	讨论《请将“家长”的称谓改为“父母”》

“孙云晓与你面对面”丛书：现代教育思想观念的宣言

陆士桢

一套青少年教育专家和父母、孩子网上聊天的真实记录“孙云晓与你面对面”丛书由安徽教育出版社出版了。这是一套孙云晓当代教育思想的辑录，是在与教育者及被教育者思想交锋、碰撞中，迸发出来的闪耀着理性思想光芒的教育宣言，是在深刻思考后，以一种创新精神对现行教育的反思，是对现实生活中人们习以为常的一些观念、认识、行为的拷问和批判。

在这套由青少年和专家共同完成的著作中，孙云晓提出了很多振聋发聩的思想，对于束缚孩子发展的陈腐教育观念来说，无异于是一个又一个宣言。书中所阐明的教育思想，如直接宣判家长制的将“家长”的称谓改为“父母”、抨击传统父权的“没有尊重就没有教育”、挑战世俗成功观念的“成功的真正内涵是幸福”、呼吁儿童情感发展的“让心灵充满激情”等等涉及儿童观、家庭观、教育观等现代少年儿童成长发展的一系列根本问题，也是众多父母和教师在实践中最为困惑的问题，围绕着这些问题而产生的师生冲突、亲子冲突常常成为激烈的社会性问题，影响到人们的生活质量。所以说，孙云晓的这套丛书是一部教育思想的读物，是一部家庭建设的读物，也是一部社会问题的读物。

这套丛书是现实性的著作，书中的所有观点、认识均来自孩子们现实生活的问题和困惑，是对于现实中国教育现状的深刻批判性思考和对策性研究。这套丛书是专家和孩子们的网上对话，是作者通过网络“面对面”与孩子们的交流和对话。经过整理后的系统内容，既保持了现场的生动、灵活、随意的特点，同时也是近年来孙云晓教育思想的综合性表述，较为完整地阐明了他的一些基本教育理念。

在一定意义上说，我国的现行教育集合了现代社会随着激烈变革而产生的种种矛盾与积习：由于经济快速发展、产业结构调整等诸多原因造成的人才竞争和生存压力；由于迅速开放、中外文化冲突等现实形成的青少年学习内容和模式选择的困惑；由于中国家庭独生子女和中国历史发展等因素影响而成的，普遍性的“望子成龙”的社会思想观念；由于整体中国社会经济、政治运行机制变革而带来的快速进步与暂时性失序。由于上述种种原因，少年儿童的教育已成为引发各种家庭矛盾和社会问题的重要导火索，成为全社会议论和质询的中心问题之一。

孙云晓的这套丛书就是建立在现代教育的种种矛盾和问题之上，直接面对孩子们的困惑和问题，直接评点和论述教育过程中儿童及父母、教师的思想、观念、做法以及双方的矛盾与冲突的。可以说，“孙云晓与你面对面”丛书是一部对现实教育诸多矛盾和观念的诠释和反问，是一部现代中国教育的“论语”。

这是一部建设性的著作，作为一部思索教育现象的书，“孙云晓与你面对面”丛书不仅批判了当代教育的问题，而且提出了很多积极的对策性意见，给当代中国教育，特别在教育观念和教育思想上开出了一系列颇具创造性的药方。如在人才培养目标上，作者明确提出，较量时时刻刻存在，成功并不仅仅意味着好成绩，成功在于发展，在于选择，在于和谐；在父母和孩子、教育者与被教育者的关系上，作者郑重提醒教育者，没有尊重就没有教育，要真正放手孩子，给予他们空间，尊重他们的秘密，让他们自己去感受和认识世界；在成长发展过程问题上，作者特别指出，在社会竞争激烈的今天，要特别重视孩子情感世界的发展，强调父母与子女、教师与学生之间在情感上的经常性的沟通，强调儿童的发展是一个全面的、复杂的过程，性教育是一种终身教育等等。这些建议，被冠以通俗易懂的、又振聋发聩的口号，如“将家长的称谓改成父母”、“没有秘密的孩子长不大”、“警惕情感荒漠化”等等，但其背后却闪烁着现代儿童观、教育观的光芒。

纵观书中所论及的问题，我们可以清楚地看到，其核心的东西是儿童权利观念，即真正把儿童看做是能动的、人人具有发展潜能的、独特的人。这种对于儿童本质的认识是尊重儿童的基础，是一切具有现代意义的儿童教育行为的依据，也是避免产生儿童与长辈之间代际冲突的关键。

这是一套面向未来的著作，无论是提出的口号，还是其背后的教育理念，书中所涉及的内容都具有一定的超前性，是不少父母、教师一时难以理解，或者理解了也需要克服一定障碍才能实施的。教育是一件涉及传统的社会事务，特别是在中国，全民族格外重视教育，因此反映在教育观念和行为上的传统力量的作用就格外大，以至于在中国，教育成了真正意义上全社会的事，在教育方面灌入现代意识和理念就格外难。

单就尊重孩子的人格和基本权利来说，即便是理论上已经有了充分的认识，现实生活中让一个中国父母去向自己的孩子认错仍然会有很大的难度。所以，这套丛书提出的一些认识和观点，让所有的教育者和父母接受，并且自觉地去在生活实践中去身体力行，可能仍然需要一定的过程。而这恰恰说明了这套丛书在理论与实践两方面的未来意义。

教育与其他社会事务一样，是一个随社会变迁而发展变化、不断更新的过程。任何一个社会的教育，没有了新的、让很多人振聋发聩的、让一些人一时无法理解的声音，也就没有了生机和活力。对于我们这样一个有几千年文明史的、正处于激烈变革中的国家来说，教育上的这种反思和呐喊不是太多，而是太少了。从这个意义上说，孙云晓新作所展现出来的未来性和一定的超前性，正是时代、社会对教育的呼唤与要求，是当代中国教育发展的必须。

期望有更多青少年、父母、老师读一读这套丛书，期望有更多的人关注今天孩子们的成长，更多的人去思考教育，实践现代教育思想，在人格培养上也能更快、更多地与国际接轨。

（作者系中国青少年研究会副会长、中国青年政治学院教授）

充满人文关怀的教育对话

——推荐"孙云晓与你面对面"丛书

田慧生

孙云晓是青少年研究方面一位多产的作家和研究者，他的不少作品曾在国内产生广泛影响。近日，读到他的新作"孙云晓与你面对面"丛书，不禁被深深地吸引和打动。这是一套独特的书，是孙云晓在自己的网站上与网友们对话、聊天的真实记录。诚如作者自己所言，这套丛书"不是写出来的，而是聊出来的；它不是设计出来的，而是思想撞击出来的；它不是一个人的闭门造车，而是众多青春的心血与智慧的结晶"。捧读再三，感觉它有以下四个特点。

突出人文关怀

教育的出发点是人，理想的教育应该是在真正意义上理解人、尊重人、关爱人和解放人的教育。通览这套丛书，可以看出作者对教育是有深刻感悟的，他对诸多教育问题的讨论，都体现出一种内在的人文关怀，自然流露着对生命的尊重和对人的深切关怀。可以说，人文精神渗透在这套丛书讨论的许多问题中，人文关怀构成了作者讨论问题的基础。正因为如此，这套丛书的一些观点不仅新颖，而且具有内在的冲击力，能够打动人、启发人。与此同时，这套丛书又是网络技术催生的产物，打上了网络时代的鲜明烙印。从这个角度看，这套丛书在科学技术与人文关怀的有机结合方面做了一次成功的尝试。

用孩子的眼光看待孩子

长期以来，我们总是习惯以成人的价值观、行为准则去要求我们的孩子，以成人世界认同的价值标准评判孩子的一切。于是，教育的作用大打折扣，父母与孩子、教师与学生之间的疏离甚至对立也就成了不可避免的事情。在这方面，这套丛书给我们提供的最大启示，就是要学会用孩子的眼光看待孩子。在有些问题上，放弃成人的标准或权威，放弃强迫，转换一下立场，变换一下思考问题的角度，切实地站在孩子的立场上去关注他们，尊重他们，理解他们，横亘在两代人之间的那堵无形的"墙"就会逐渐消解，理解之窗就会悄然洞开。但这并不意味着放弃成人的责任，而是换一种方式更好地负起应负的责任。正是有了这样一种立场的转换，孙云晓网站才会吸引如此众多的青少年，也才会产生"没有秘密的孩子长不大"等许多能够在两代人中引发共鸣的深刻见解。

以前沿话题引导对话与讨论

这套丛书是孙云晓与网友聊天 10 年谈教育的精华，从许多讨论的主题来看，作者对话题的设计与把握是敏锐而前卫的。这些话题或大或小，但几乎都是当前人们关注的教育的热点与难点问题，是青少年成长过程中不可避免的问题，或是能引发观念撞击的前沿问题。例如，关于"家长"的称谓问题，关于情感的问题，关于孩子的独立性的问题，关于性教育的问题等等，话题虽然十分具体，但都牵涉到教育深层的观念转变问题，关乎人们对教育的基本认识。有了这样一些指向改革前沿的沉甸甸的话题的引导，网上的对话与聊天就会在细微与平实中透出深刻，思想就会撞击出火花，并进而避免时下网上聊天常有的那种琐碎与无聊。这或许正是这套丛书和孙云晓网站令人耳目一新的可贵之处。

真心面对，真诚沟通

这套丛书作为一部网上对话集，内容是丰富的。从中既可以看到观点的交流，思想的碰撞，也能感受到情绪的起伏，情感的交融；这里有认同和共鸣，也有质疑和冲突；有来自父母的献计献策，也有来自孩子的诸多知心话。可以看出，不少的孩子把这个网站看成了可以倾诉、可以求教、可以抱怨的知心园地。他们可以在网上尽情发表自己的各种看法，真诚讨论自己感兴趣的各种问题。能产生这样的效果，一方面有赖于网络虚拟对话空间特有的隐秘性，但更重要的是网站主持人在对话过程中所秉持的真诚与坦率。只有做到了真心面对，真诚沟通，孩子们才会向主持人说出那么多的知心话和悄悄话，甚至有孩子将自己的老师“告”到网上。这一切都是真实的。唯有真诚才能产生真正的理解，才能心灵交融。

愿这样的对话能继续下去。

（作者系中央教育科学研究所副所长、研究员）

放弃权威话语

——读“孙云晓与你面对面”丛书

劳凯声

“孙云晓与你面对面”丛书是一套很值得一读的书，正如作者所说，这套丛书“不仅留给了读者参与的空间，而且其本身就是读者参与的结果”。

我读孙云晓的文章久矣，感觉他是一个才思敏捷、锐意创新的人，一个愿意敞开胸怀来理解和拥抱青少年的人，一个保持着童心和童趣的人。这套丛书再一次体现了他的这样一种文风和人品。

这套丛书的内容是他10年来在“孙云晓网站”上与青少年进行讨论、沟通的一个缩影，所涉及的问题不是一般意义上的说教。因为在互联网上不存在现实社会中处处可见的各种权威话语，所有的思想观点和价值准则都必须放在新的尺度下重新审视，因此这种形式可以说更具有挑战性。书中所讨论的问题个个都有着极强的针对性，引起了青少年的极大兴趣。如“请将‘家长’的称谓改为‘父母’”、“警惕情感荒漠化”、“平等是代际沟通的基石”、“没有秘密的孩子长不大”、“让每个孩子都拥有梦想”、“用自己的眼睛看世界”等等，都是一些极富针对性，又困扰着这一代青少年的问题。作者没有扮演传统的教师角色，而是以一个大朋友的身份来与青少年共同探讨，不仅感动着孩子，也感动着他们的父母和老师。

我在想，如果中国的父母和老师都像孙云晓那样以一颗炽热的心来面对自己的孩子和学生，教育的问题可能就会少得多。在我们头脑深层的文化传统中，尊老爱幼是两大渊远而流长的民族传统。一旦有了儿女，父母就会处处先想到孩子，而不是自己。对于传统的中国人来说，他们爱愈深，教愈严，为了使孩子长大后能合格地尽到做人的责任，就必须从小严加管束。

这样一种长幼尊卑的等级观念贯穿于整个教育的全过程，成人社会完全从自己的意愿出发去管束儿童，而少有两代人之间的平等对待、相互沟通、相互交流。对儿童的宠爱必须服从于训练和教育的要求。

对于今天的许多中国人来说，望子成龙甚至比自身成龙更重要，他们并不深究自己为什么要这样做，他们只是凭借着一股历史的惯性去行事，或者，他们只是把上一辈对待自己的方式不假思索地转移给下一代。他们可以含辛茹苦，让孩子有一个优越的处境，获得细致周到的照顾。但同时他们又以一种近乎残酷的方式来教育自己的孩子，从小就把孩子抛到一个激烈竞争的环境，甚至泯灭美好的天性，违反孩子的意愿和兴趣，逼着他们去超负荷地学习，去死记硬背大量无用的知识。这样一种文化传统表现在学校教育上，就形成了今天的以少数精英为目标取向、以选拔为基本特征、以应试为主要内容的教育制度。这种教育制度牺牲了大多数人的发展，抑制人的主体性和创新精神。

在我看来，最近几十年来社会发展的一个重要标志就是个人在社会中的作用和地位发生极大提高，人的潜能得到极大发挥，精神生活也日益丰富。在这种情况下，人们必然会越来越重视个人的尊严和权利，重视自我价值的实现。用这种观点来看待今天的教育问题，则成人社会不应把孩子看成是大人的附庸，看成是父辈的替身、父辈理想和意志的一部分。幼小的生命同样应具有自己的尊严与权利，培养孩子的最初出发点和最终目的都应是让他们从家庭走向社会，在未来的社会中大显身手，实现自我价值。

愿所有重视教育问题的人们，都来读一读这套令人回味的丛书。

（作者系首都师范大学教育学科首席专家、教授）

十年一剑成长路
（后 记）

在我出版的几十部教育作品中，“孙云晓与你面对面丛书”是极为独特的一套书，这套书包括如下4种：《教育就是以爱育爱》、《爱孩子要敢于说不》、《每个孩子都可以成功》、《美好习惯决定美丽人生》。它们不是写出来的，而是聊出来的；它们不是设计出来的，而是思想撞击出来的；它们不是一个人的闭门造车，而是我与众多父母、教师和青少年朋友共同的心血与智慧的结晶。

大约是2000年3月初的一天，《人民日报》著名编辑祝华新邀请我去强国论坛网站做嘉宾，去主持一次关于教育改革的网上讨论。说真心话，我有些害怕。虽然我对教育改革的状况与发展趋势比较清楚，也有很多与媒体合作的经验，出任嘉宾可谓轻车熟路，然而，互联网是我陌生的领域。朋友们告诉我，网络联结整个世界，上网者中什么人都有，谁都可以任意向你进攻，而丝毫不管你意愿如何。我脑海中出现了一个激烈的场面：我孤零零地站在一间空屋子里，耳边响着成千上万个质问的声音，而我大汗淋漓却无言以对……

不过，一向渴望接受挑战的我还是如约走进了人民日报社，因为我好奇，忍不住要尝尝梨子的味道。再说，祝华新是我的老朋友，在《夏令营中的较量》大讨论中结为知音，我不能辜负他的好意。

那一天是3月8日，适逢“三八国际劳动妇女节”。晚上8点钟，我一进入聊天室，来自全球的提问铺天盖地涌来，就像一个巨大的漩涡，顷刻之间将我深深卷了进去。我忘了恐惧，也来不及犹豫，两个小时之内连续回答了82个问题，平均每个问题不到

2分钟。当讨论结束的时候，工作人员送给我一份刚刚下载的讨论记录，竟有20余页之长！

那个令人心醉的夜晚，我走在月光倾洒的梧桐树下，全身仿佛在燃烧。我意识到，我走进了一个全新的世界，互联网将改变我的生活。

我萌生了一个大胆的创意，开办一个自己的网站，以便与青少年朋友及其父母和教师充分交流。自1993年发表中日少年《夏令营中的较量》以来，我曾应上百个城市的邀请，赴各地做讲演千余场，听众超过80万。他们有无数问题要与我探讨，也有许多人索要我的作品。而这一切的需求，或许唯有互联网能提供有效的帮助。

一个偶然的机会，我向好朋友卜卫谈了这一设想。卜卫当时是中国社科院新闻与传播研究所的副研究员（现为研究员和博士生导师），也是大众传媒与青少年发展中心主任。她充分肯定我的设想，并热情推荐我与中国青少年计算机信息服务网（www.cycnet.com，www.youth.cn，以下简称“中青网”）合作。她说：“你为青少年写作，搞青少年教育，而中青网是中国最大的青少年网，这不正是最好的合作伙伴吗？”

感谢卜卫的帮助，我与中青网建立了密切而高效率的合作。那是一些让我惊奇的日子，我的500多万字作品，被逐字录入了电脑。时任总经理陶慧与铁鹰等网络专家精心设计，使我的网站日趋完善。直至今日，我不会忘记卜卫教授仙人指路，衷心感谢中青网首任董事长朱宇江先生和总经理陶慧女士的鼎力支持。

2000年6月1日儿童节，“孙云晓网站”（sunyunxiao.youth.cn）作为中青网的第一个专家网站，正式开通了！该网站的宗旨是：“为青春圆酷梦，为父母架彩虹，为教师淘真金。”网站以内容丰富和每月一次的聊天——教育讨论，受到网友们的热烈欢迎。那一日的白天，我在中南海出席全国少先队代表大会。晚上7点，我赶至北京友谊宾馆中青网总部，接受中央电视台记者采访。晚8点，在孙云晓网站主持与网友的第一次聊天，讨论的专题是我最新的一个观点“请将‘家长’的称谓改为‘父母’”。记得有中小学生及其父母和老师约20多位网友参加了第一次聊天，其中也有我18岁的女儿化名频频提问——她实际上是来支持老爸的。

自从“孙云晓网站”开通以来，每月一次的讨论不但坚持下来，有时甚至增加到每月两次，如今已经坚持了十年多。冬季的一天，我在北京郊外开会，依然顶风冒雪70公里，赶回网站准时主持讨论。最让我感动的是，有些网友几乎坚持了整整十年，而且总会提前进入聊天室，每次都那么执著地与我讨论各种各样的教育问题。有些父母网友叫孩子与我来聊聊，也有的孩子喊来妈妈与我对话，还有许多师生相约来与我交流。如果有人研究，会发现许多精彩的成长个案和私人对话。

俗话说，十年磨一剑。我们聊了十年教育聊出了什么呢？聊出了许多现代的教育思想，激发出丰富的教育智慧，促进了代与代之间的诚挚交流，自然也凝结了深厚的友谊，可谓一“网”情深。为什么丛书起名为“孙云晓与你面对面”呢？因为无数个夜晚的聊天，就像好朋友面对面促膝谈心。那情景犹如一弯明月，一杯清茶，高山流水，知音相会。

十年难忘的经历告诉我，有了网上交流，我才与前卫的一代及其父母和教师有了真正的沟通。令我深深感动的是，他们完全不像社会上流传的那样浅薄、浮躁。在他们赤裸的灵魂中，充满了深情的渴望与呐喊，充满了勇敢的探索与挑战，充满了坦诚的友情与关爱。与他们在一起的时候，我的心灵从未像今天这么轻松，就像一条鱼儿在清澈的河流中惬意地游动。因此，我说真话，诉真情，与网友倾吐衷肠如执兄弟之手。试想，在现今这个多姿多彩而又真假混杂的社会里，我们的网上讨论不正像一个心灵的花园引人神往吗？

心灵如海。

当我仔细修改和校对这套丛书的时候，连自己都不敢相信，内容竟是那样的丰富，情感竟是那样的强烈，语言竟是那样的鲜活，对策竟是那样的智慧。我忽然明白了，这就是心灵的魅力，这就是真善美创造的奇迹。

当我与网友聊天超过十年的时候，中青网也有了全新的发展，现名为中国青年网，是国家的重点网站之一。

在这套丛书与读者朋友见面的时候，我首先要感谢我的老朋友、共青团中央网络影视中心主任曹东新先生，感谢中国青年网总裁、中国互联网协会常务理事欧阳向群博士，感谢中国青年网副总裁邢万祥，感谢技术中心副总监叶晓峰、网络部工程师袁强、资讯部副主任楮家炜、网络部石磊，感谢十年如一日给我热情帮助的张美英等中青网的每一个员工。是中青网团队的远见卓识和充满韧劲的坚持，才有孙云晓网站的顺利发展。

我要感谢劳凯声、陆士桢和田慧生三位教授，他们对我和“孙云晓网站”给予长期而热情的关注，并为“孙云晓与你面对面丛书”写出极富教育智慧和学术价值的推介。

我要特别感谢广大网友的倾情相助，是他们的热情参与才使每一次讨论得以成功，是他们的真知灼见才使这套丛书具有非同一般的质量，这套丛书是我们共同的作品。

我要特别感谢我的朋友和长期的合作者、中国青少年研究中心少年儿童研究所所长孙宏艳副研究员和赵霞博士，她们先后默默承担了网站大量工作，并整理出每一次的聊天记录。自 2004 年 12 月起至今，赵霞博士还帮助我做每次聊天的录入工作。她们的辛勤劳动为丛书的出版奠定了重要基础。也要感谢首都师范大学教师李文道博士的积极支持。

当然，还要感谢安徽教育出版社，尤其是杨多文编审，是他首先提出了出版这套丛书的计划，并且组织安徽大学新闻出版专业硕士生陈真、戴静静、刘红平和王婧等同学参与了书稿的整理工作，张利、黄文、徐宝姝等编辑出版人员都付出了极为艰辛的劳动。

现代艺术的特征之一是给受众留有充足的空间参与创作。我想，这套丛书也许是超现代的，因为它不仅留给了读者参与的空间，而其本身就是读者参与的结果。如果这一尝试取得成功，这将是一个持续的日趋丰富而动人心魄的过程。

可以相信，“孙云晓与你面对面丛书”不是孙云晓与网友聊教育的结束，而是一个崭新的开端。

1972年即开始青少年教育生涯的我，一颗虔诚的心，化作这样一份特殊的礼物奉献在您的面前。我的朋友，您需要吗？您有话要说吗？我期待着您的回音。

孙云晓

2010年10月19日于北京世纪城

孙云晓联系方式：

孙云晓网站(sunyunxiao. youth. cn)

自2000年以来，孙云晓每个月都会安排一个晚上一个时段(19:30—21:00)与大家在其网站聊天。聊天时间将在孙云晓网站和孙云晓博客上预告。

孙云晓博客(blog. sina. com. cn/m/sunyunxiao)

访问量达630多万人次。

如果关注孙云晓新浪微博(http://t. sina. com. cn/sunyunxiao)，可以进行更为便捷的交流。

孙云晓通信地址

北京市西三环北路25号 中国青少年研究中心　邮编:100089

孙云晓的网易邮箱(9999syx@163. com)